Englisch *ganz leicht*

Rätselspaß

Hueber Verlag

Bevor es losgeht

Mit dem **Englisch** *ganz leicht* **Rätselspaß** lernen und wiederholen Sie auf vergnügliche Weise Wortschatz und Redewendungen.
Abwechslungsreiche Rätseltypen sorgen dafür, dass keine Langeweile aufkommt.
Die einzelnen Rätselblätter können problemlos herausgetrennt werden, die Lösungen befinden sich jeweils direkt auf der Rückseite.
Außerdem ermöglicht das praktische Format, dass man auch bequem in Bus und U-Bahn rätseln kann.

Der in den Rätseln verwendete Wortschatz deckt die Niveaus A1 und A2 des Europäischen Referenzrahmens ab. Mal ist nach der deutschen Übersetzung eines englischen Wortes gefragt, mal handelt es sich um die englische Entsprechung eines deutschen Wortes. Mit Hilfe von witzigen Illustrationen lernen Sie zudem einige gängige englische Redewendungen.
Wie die Rätsel zu lösen sind, erfahren Sie auf den folgenden Seiten anhand einiger Musterrätsel.

Allgemein gilt für alle Rätsel
Wenn ein Ausdruck im Deutschen beispielsweise aus drei Wörtern besteht, im Englischen aber nur aus einem Wort (oder umgekehrt), dann wird dies mit *3 W.* angegeben. Es gelten die üblichen Abkürzungen für weiblich (f.), männlich (m.) und Mehrzahl (pl.).

Wir wünschen Ihnen viel Spaß beim Rätseln!

Beispiel Schwedenrätsel mit Illustration

Schwedenrätsel funktionieren wie normale Kreuzworträtsel: die gesuchten Wörter stehen in den Kästchen, die kleinen Pfeile geben die Schreibrichtung an. In den Kästchen ist jeweils die Zielsprache für das gesuchte Wort angegeben: Bei „engl." wird das englische Wort gesucht, bei „dt." das deutsche Wort.
Die Illustration unter dem Schwedenrätsel stellt eine Redewendung in der Fremdsprache dar. Wenn Sie das Schwedenrätsel lösen, erhalten Sie mit Hilfe der mit Ziffern versehenen Buchstaben auch das fehlende Wort der Redewendung.

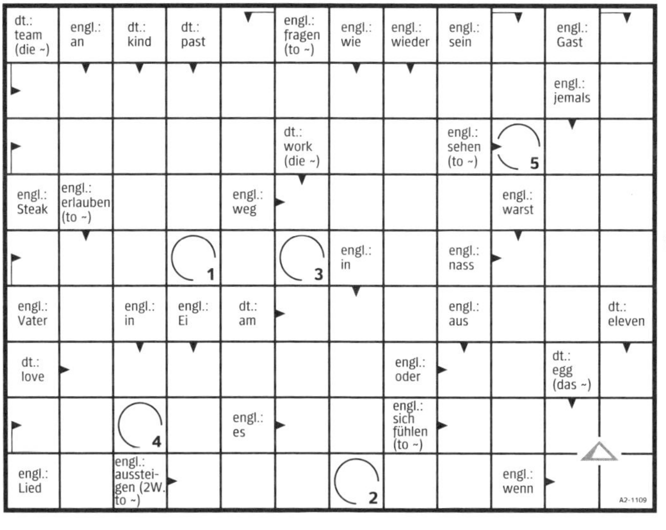

to take the bull by the 1H 2O 3R 4N 5S

den Stier bei den Hörnern packen

				A					I		G
M	A	N	N	S	C	H	A	F	T		U
S	T	E	A	K		O	G		S	E	E
		T	C		A	W	A	Y		V	S
F	A	T	H	E	R		I		W	E	T
	L				B	I	N		E	R	
	L	I	E	B	E	N		O	R		E
S	O	N	G		I	T		F	E	E	L
	W		G	E	T	O	F	F		I	F

Beispiel Schneckenrätsel

Die Übersetzungen der angegebenen Vokabeln sind spiralförmig den Pfeilen folgend in das Rätsel einzutragen. Bei jedem Richtungswechsel beginnt ein neues Wort. Achtung! Der Endbuchstabe eines jeden Wortes ist gleichzeitig der Anfangsbuchstabe des folgenden Wortes.
Die zu übersetzenden Wörter sind jeweils mit der Zielsprache angegeben.

1 dt.: quiet
2 dt.: end
3 dt.: fog (der ~)
4 engl.: Lamm
5 engl.: beide
6 dt.: yard (der ~)
7 engl.: wenige
8 engl.: wir
9 dt.: it

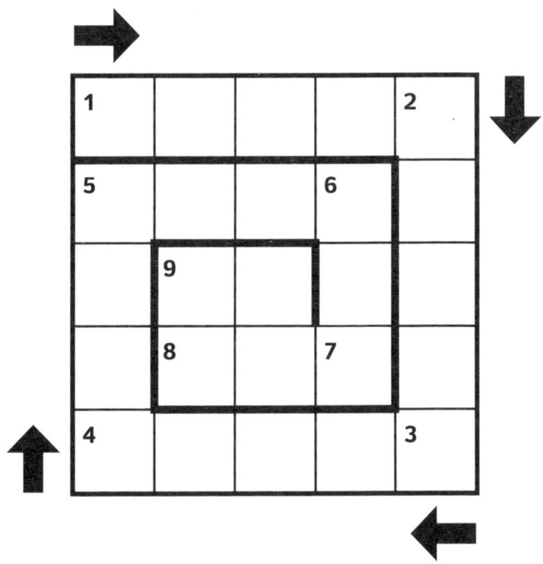

L	E	I	S	E
B	O	T	H	N
M	E	S	O	D
A	W	E	F	E
L	E	B	E	N

Beispiel Wabenschwedenrätsel

Der Pfeil gibt wieder an, in welche Richtung das gesuchte Wort um die dunkle Wabe herum eingetragen werden muss. In der Wabe steht das gesuchte Wort in der Ausgangssprache und zudem die Angabe, in welche Sprache („dt.“ = deutsch / „engl.“ = englisch) übersetzt werden soll.

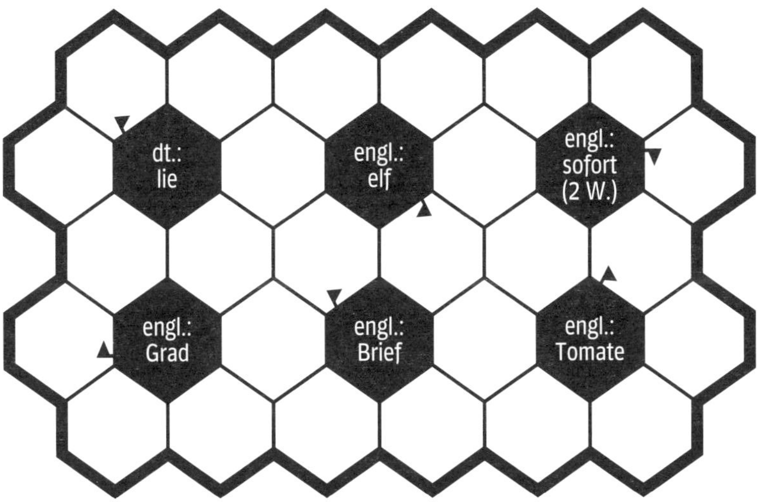

Beispiel Magisches Rätsel

Das magische Rätsel trägt diesen Namen, weil die gesuchten Wörter bei der entsprechenden Nummer tatsächlich längs und quer in das Gitter passen.
Es sind wieder die Zielsprache und die zu übersetzenden Wörter angegeben.

1 dt.: market (der ~)

2 engl.: Obst

3 engl.: Rock

	1	2	3	
1				
2				
3				

	M	F	S	
M	A	R	K	T
F	R	U	I	T
S	K	I	R	T
	T	T	T	

Beispiel Schwedenrätsel

Schwedenrätsel funktionieren wie normale Kreuzworträtsel: die gesuchten Wörter stehen in den Kästchen, die kleinen Pfeile geben die Schreibrichtung an. In den Kästchen ist jeweils die Zielsprache für das gesuchte Wort angegeben. Bei „engl.“ wird das englische Wort gesucht, bei „dt.“ das deutsche Wort.

dt.: lie down (2 W.)	dt.: Italy		dt.: eight	dt.: gentlemen (die ~)		dt.: we	engl.: sehen (to ~)	engl.: Ei	dt.: ten		dt.: ninth
engl.: Wasser			dt.: he			dt.: thanks			engl.: er		
					engl.: Hund				engl.: jeder		
dt.: am		engl.: Pause						engl.: lassen (to ~)		engl.: sie	
			dt.: a				engl.: dauern (to ~)				
engl.: nur		engl.: auf			dt.: kitchen (die ~)						
				engl.: Leder							A2-1204

■	■	A	■	■	W	■	■	■	■	Z	■
S	I	C	H	H	I	N	L	E	G	E	N
■	T	H	■	E	R	■	O	G	■	H	E
W	A	T	E	R	■	D	O	G	■	N	U
■	L	■	B	R	E	A	K	■	E	■	N
B	I	N	■	E	I	N	■	L	A	S	T
■	E	■	O	N	■	K	U	E	C	H	E
O	N	L	Y	■	L	E	A	T	H	E	R

Beispiel Puzzle-Rätsel

Die Zahlen über und neben dem Gitter geben die Anzahl der Buchstaben der gesuchten Wörter an. Auch über den gesuchten Wörtern ist die Anzahl der Buchstaben angegeben. Aber Vorsicht! Wenn es für eine bestimmte Anzahl von Buchstaben mehrere Wörter gibt, sind auch unterschiedliche Platzierungen möglich. Sie müssen also durch geschicktes Knobeln herausfinden, wo welches Wort hingehört.

4 Buchstaben:
engl.: jemals

5 Buchstaben:
engl.: leer, dt.: serious

6 Buchstaben:
dt.: behind, engl.: Mitte

7 Buchstaben:
engl.: Maschine

8 Buchstaben:
dt.: urgent

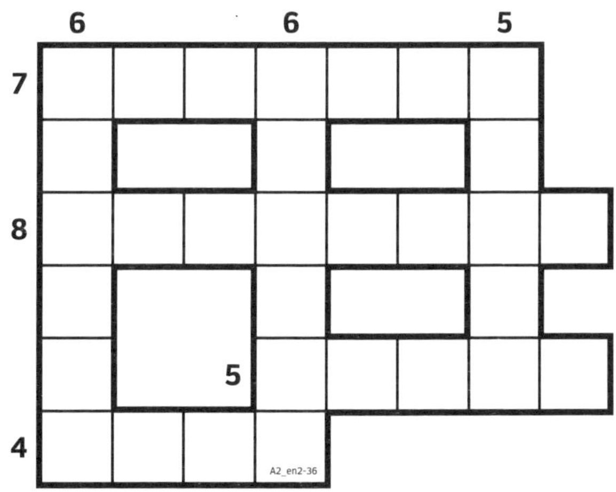

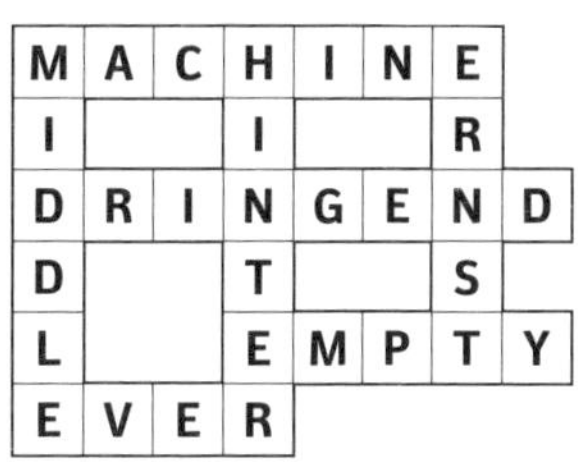

engl.: sollen			engl.: heiß	dt.: fresh	dt.: he		engl.: zumachen (to ~)	engl.: zehn	engl.: Notiz		dt.: traffic (der ~)
dt.: father (der ~)		8	engl.: erster		3				engl.: USA		
					dt.: parcel (das ~)	dt.: today					
engl.: angenehm		engl.: noch	dt.: too		9	dt.: our		4			
				6				engl.: Tee		engl.: Eis	
dt.: shower (die ~)	engl.: glücklich						engl.: sein (to ~)		engl.: an		
				7		engl.: Strand				1	
dt.: sore			2	dt.: theatre (das ~)				5			A2-1124

to behave like a bull in a

1	2	3	4	5

6	7	8	9

Lösung

	S	H				E				N	
	H	O		F	I	R	S	T		O	V
V	A	T	E	R			H	E	U	T	E
	L			I	P		U	N	S	E	R
P	L	E	A	S	A	N	T		A		K
		L	U	C	K	Y		T		I	E
D	U	S	C	H	E		B	E	A	C	H
	W	E	H		T	H	E	A	T	E	R

to behave like a bull in a china shop
(sich wie ein Elefant im Porzellanladen benehmen)

1 engl.: Welt
2 engl.: fahren (to ~)
3 dt.: something
4 engl.: krank
5 dt.: cold
6 engl.: oben
7 engl.: Kneipe
8 engl.: sein (to ~)
9 dt.: egg (das ~)

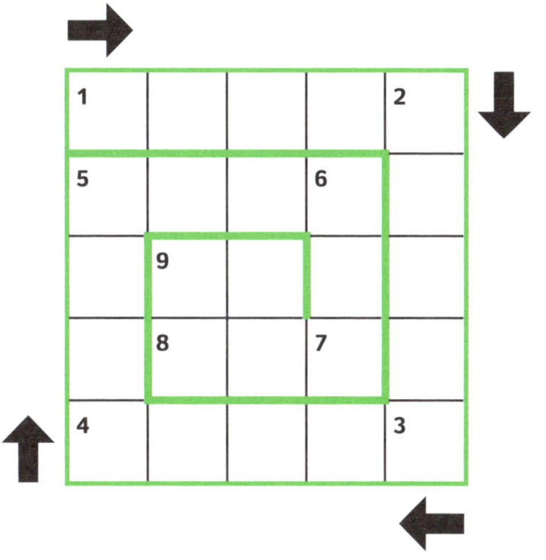

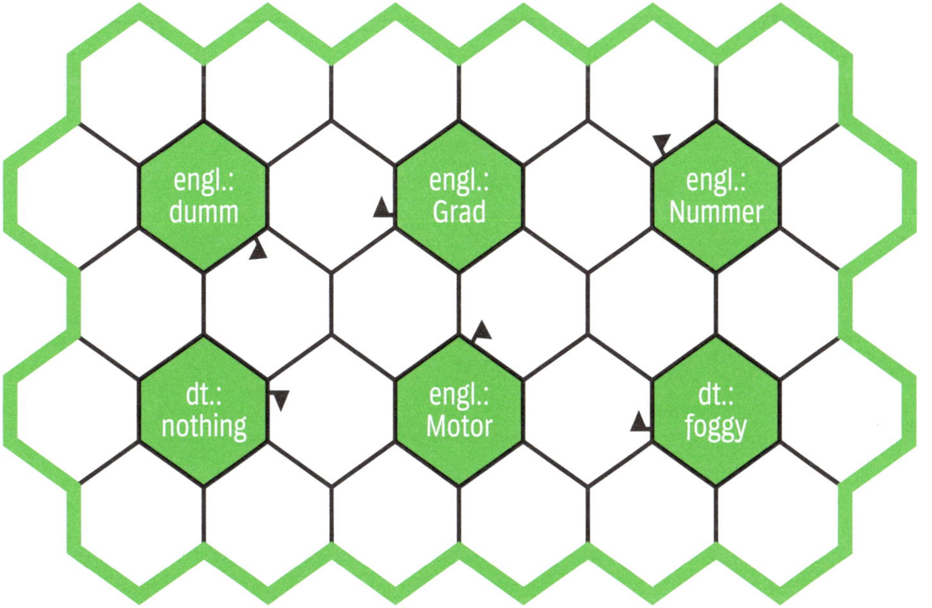

Lösung

W	O	R	L	D
K	A	L	T	R
C	E	I	O	I
I	B	U	P	V
S	A	W	T	E

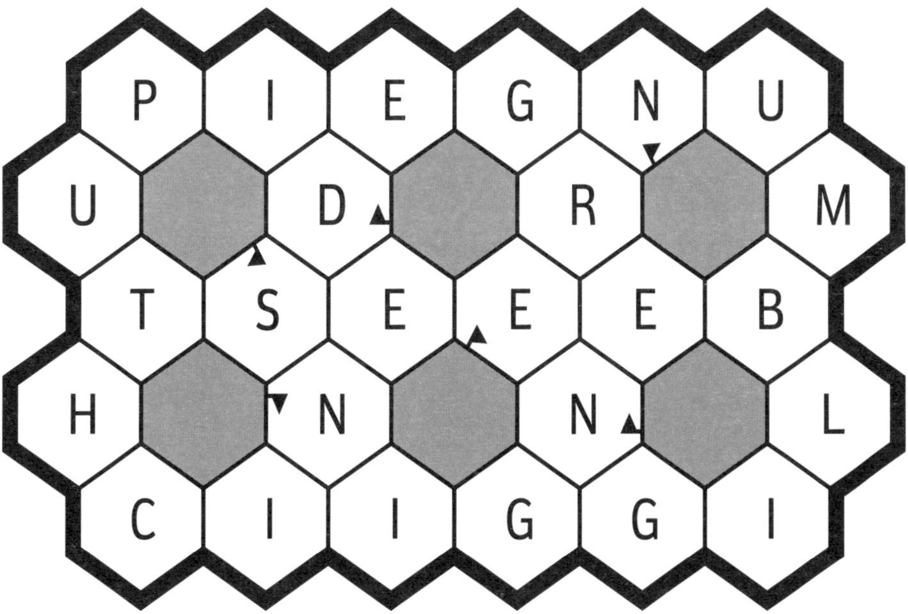

1 engl.: denken (to ~)

2 engl.: Stück

3 engl.: Onkel

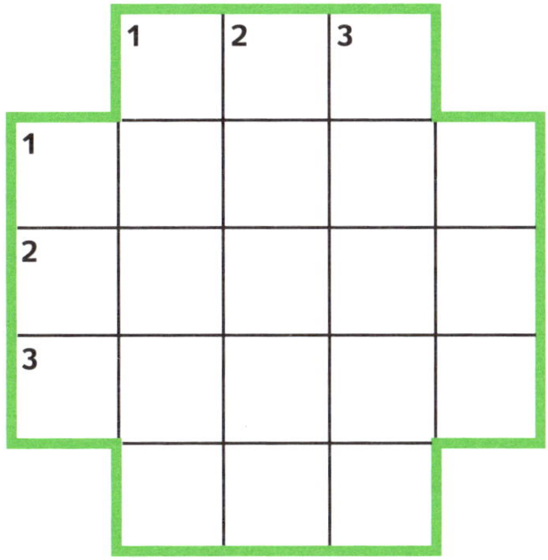

engl.: Keller		engl.: aber		dt.: side (die ~)	engl.: dass		dt.: it		engl.: Kleid	engl.: jemand	dt.: meet
dt.: but					dt.: autumn (der ~)						
engl.: Koffer									engl.: oder		
				dt.: empty	engl.: finden (to ~)		engl.: gleich				
dt.: bed (das ~)		dt.: eleven				engl.: uns			engl.: sein		
			dt.: one					dt.: yard (der ~)			
engl.: Bett		dt.: those					engl.: neun				
engl.: dritter						dt.: read					A2-1167

Lösung

	T	P	U	
T	H	I	N	K
P	I	E	C	E
U	N	C	L	E
	K	E	E	

■	B	■	S	■	■	T	■	D	■	■	■
■	A	B	E	R	■	H	E	R	B	S	T
■	S	U	I	T	C	A	S	E	■	O	R
B	E	T	T	■	■	T	■	S	A	M	E
■	M	■	E	L	F	■	U	S	■	E	F
B	E	D	■	E	I	N	S	■	H	O	F
■	N	■	J	E	N	E	■	N	I	N	E
■	T	H	I	R	D	■	L	E	S	E	N

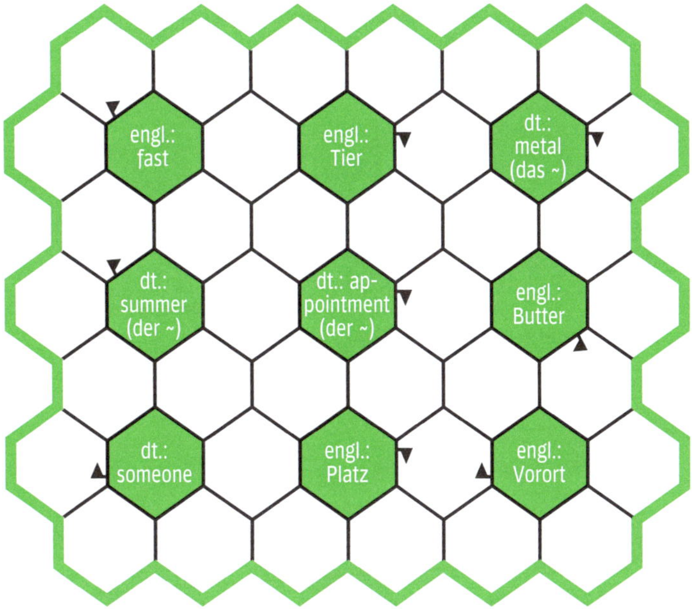

1 engl.: neblig
2 engl.: jung
3 engl.: Gruppe
4 engl.: schade
5 engl.: Hof
6 engl.: Hund
7 engl.: bekommen (to ~)
8 engl.: zu
9 engl.: auf

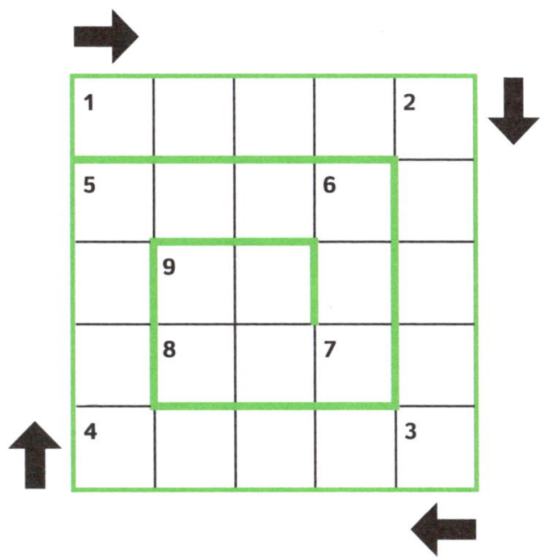

Lösung

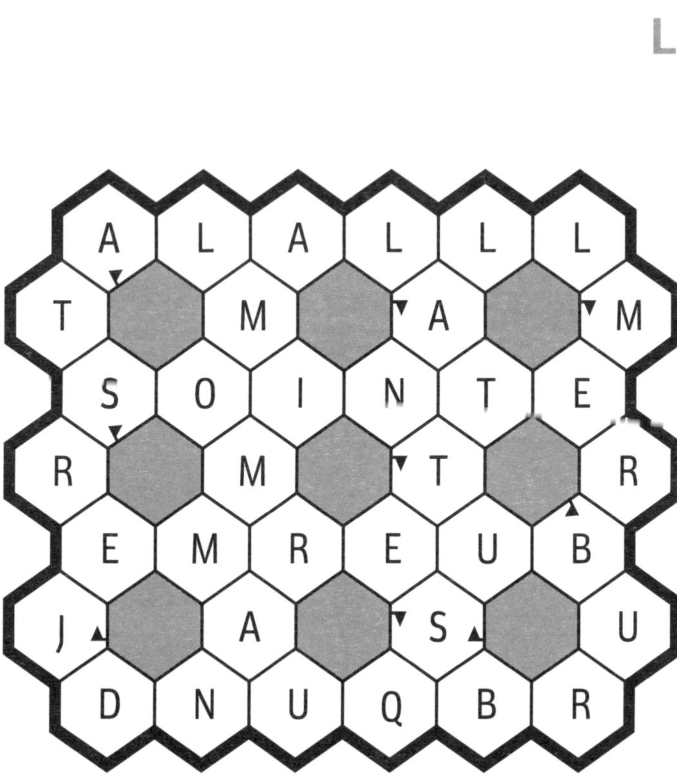

F	O	G	G	Y
Y	A	R	D	O
T	O	N	O	U
I	T	E	G	N
P	U	O	R	G

1 engl.: lustig

2 engl.: bis

3 engl.: Messer

	1	2	3	
1				
2				
3				

engl.: gegenüber		engl.: Mädchen		engl.: rot	engl.: Ostern		engl.: neunzehn		dt.: cassette (die ~)		dt.: spoon (der ~)
engl.: Paar					engl.: Tier						
engl.: könnten		engl.: Grund							engl.: also		
					engl.: machen (to ~)		engl.: noch				
			dt.: new	dt.: ice (das ~)			dt.: deep				
engl.: fragen (to ~)		engl.: in der Nähe					engl.: hallo		engl.: uns		
						dt.: today					
dt.: strike (der ~)		engl.: benutzen (to ~)				dt.: island (die ~)					A2-1187

Lösung

	F	U	K	
F	U	N	N	Y
U	N	T	I	L
K	N	I	F	E
	Y	L	E	

■	O	■	G	■	■	E	■	N	■	K	■
■	P	A	I	R	■	A	N	I	M	A	L
■	P	■	R	E	A	S	O	N	■	S	O
C	O	U	L	D	■	T	■	E	L	S	E
A	S	K	■	■	M	E	■	T	I	E	F
■	I	■	N	E	A	R	■	E	■	T	F
S	T	R	E	I	K	■	H	E	U	T	E
■	E	■	U	S	E	■	I	N	S	E	L

Rätselspaß

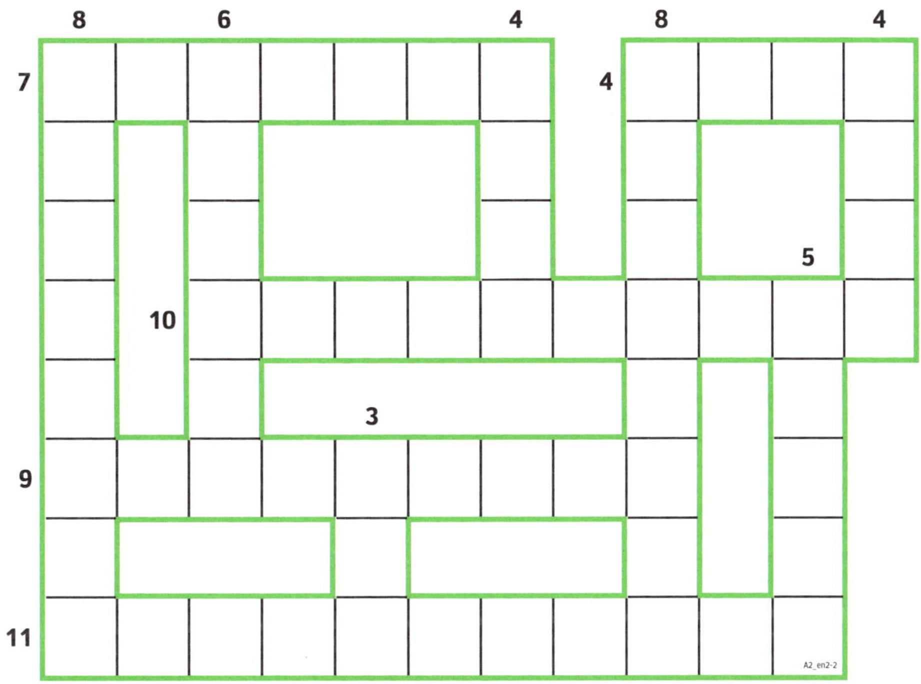

3 Buchstaben:
engl.: Luft

4 Buchstaben:
engl.: jemals, engl.: Fuß, engl.: selber

5 Buchstaben:
dt.: small

6 Buchstaben:
dt.: let

7 Buchstaben:
engl.: willkommen

8 Buchstaben:
engl.: geradeaus, dt.: change

9 Buchstaben:
dt.: invitation (die ~)

10 Buchstaben:
dt.: supermarket (der ~)

11 Buchstaben:
dt.: news (die ~)

Lösung

W	E	L	C	O	M	E		S	E	L	F
E		A				V		T			O
C		S				E		R			O
H		S	U	P	E	R	M	A	R	K	T
S		E						I		L	
E	I	N	L	A	D	U	N	G		E	
L				I				H		I	
N	A	C	H	R	I	C	H	T	E	N	

engl.: hineingehen (2W. to ~)		dt.: form (das ~)	dt.: foggy	engl.: zusammen		engl.: Bank		dt.: tree (der ~)	engl.: unser	engl.: Tee	
						engl.: über					
				dt.: exactly						dt.: cream (die ~)	
engl.: wahr		engl.: tschüss				dt.: course (der ~)			1		engl.: keine
dt.: same		dt.: narrow		engl.: zu	3		engl.: wir		dt.: was		
						engl.: er		engl.: wer			
				dt.: husband (der ~)					2		
dt.: long			engl.: bist				engl.: Baum				A2-1112

to smell a

1	2	3

Lösung

	F				T		B				T
G	O	I	N	T	O		A	B	O	V	E
T	R	U	E		G	E	N	A	U		A
	M		B	Y	E		K	U	R	S	
	U		L		T	O		M		A	N
G	L	E	I	C	H		W		W	H	O
L	A	N	G		E	H	E	M	A	N	N
	R	G		A	R	E		T	R	E	E

to smell a rat
(den Braten riechen)

1 dt.: cheese (der ~)
2 engl.: leer
3 engl.: deines
4 engl.: bald
5 engl.: in der Nähe
6 dt.: red
7 engl.: zehn
8 engl.: nein
9 engl.: von

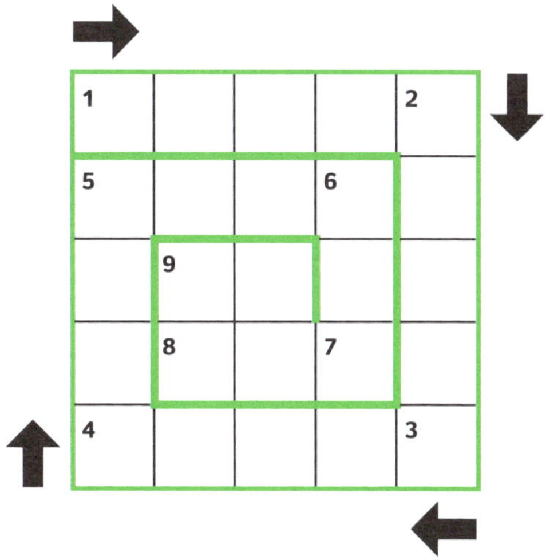

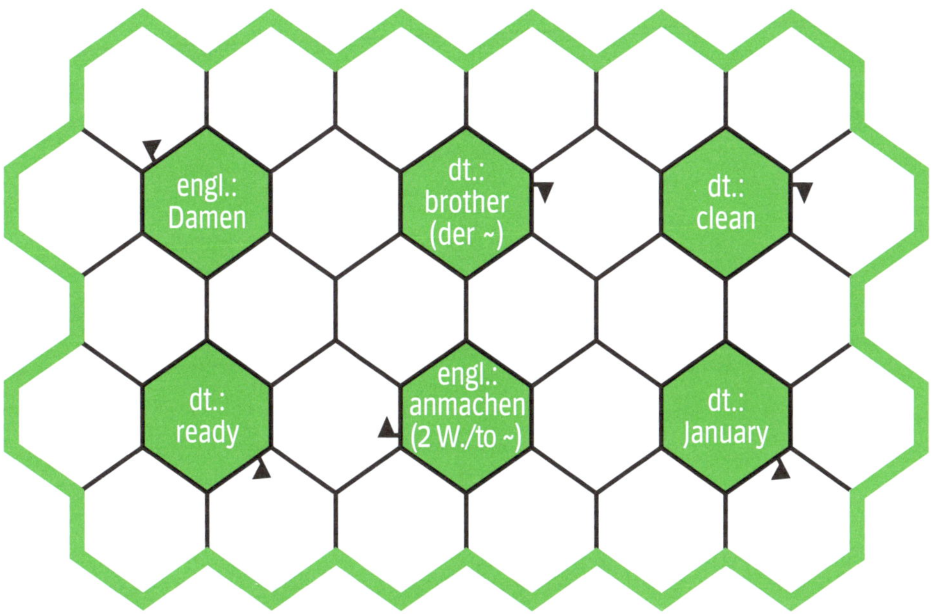

Lösung

K	A	E	S	E
N	E	A	R	M
O	O	F	O	P
O	N	E	T	T
S	R	U	O	Y

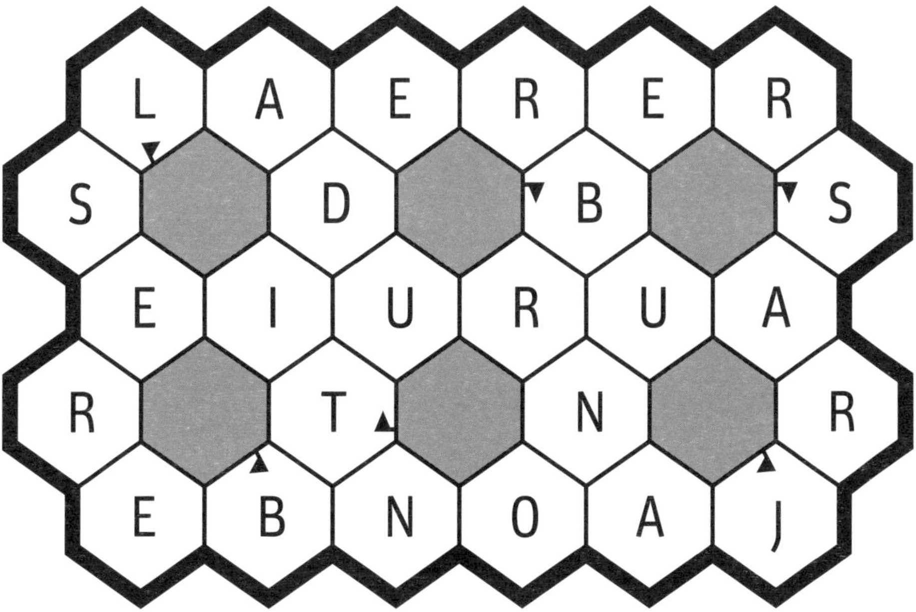

1 dt.: salad (der ~)

2 engl.: Ort

3 dt.: night (die ~)

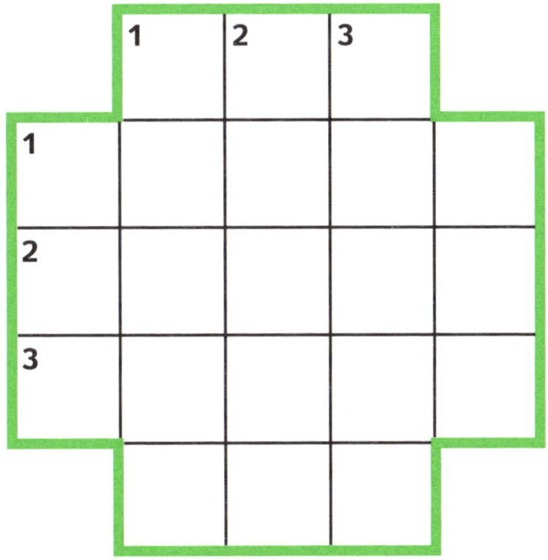

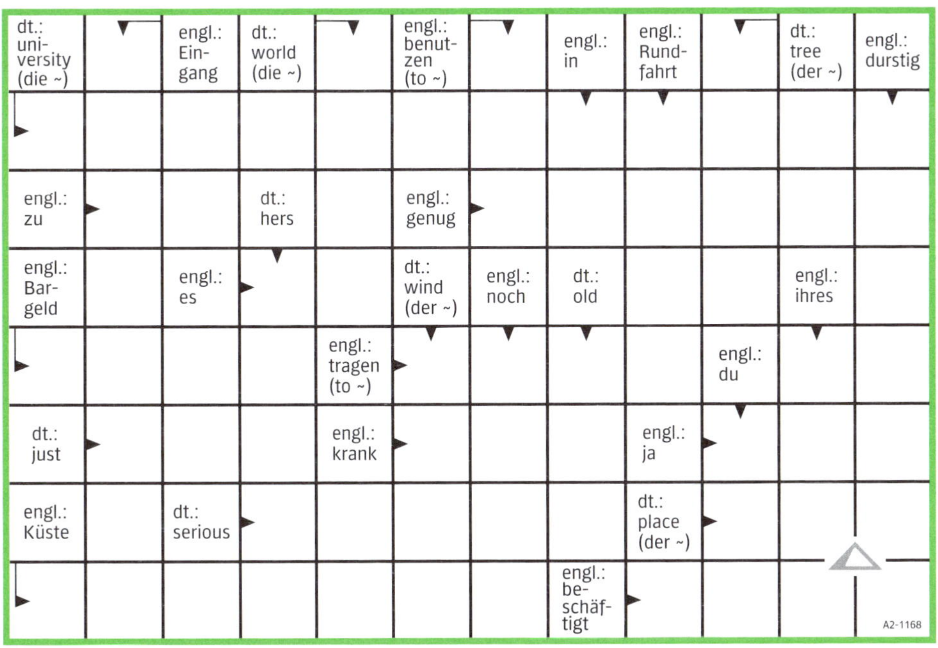

Lösung

	S	P	N	
S	A	L	A	T
P	L	A	C	E
N	A	C	H	T
	T	E	T	

	E			W		U			B		
U	N	I	V	E	R	S	I	T	A	E	T
	T	O		L		E	N	O	U	G	H
	R		I	T				U	M		I
C	A	S	H		W	E	A	R		H	R
	N	U	R		I	L	L		Y	E	S
	C		E	R	N	S	T		O	R	T
S	E	A	S	I	D	E		B	U	S	Y

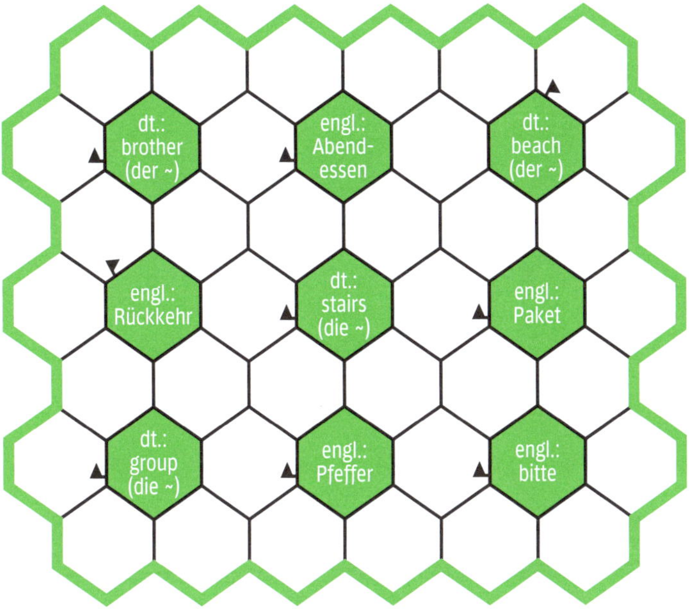

1 engl.: allein
2 engl.: E-Mail
3 dt.: noise (der ~)
4 engl.: Mahlzeit
5 engl.: sehen (to ~)
6 engl.: Schlüssel
7 engl.: du
8 engl.: uns
9 engl.: also

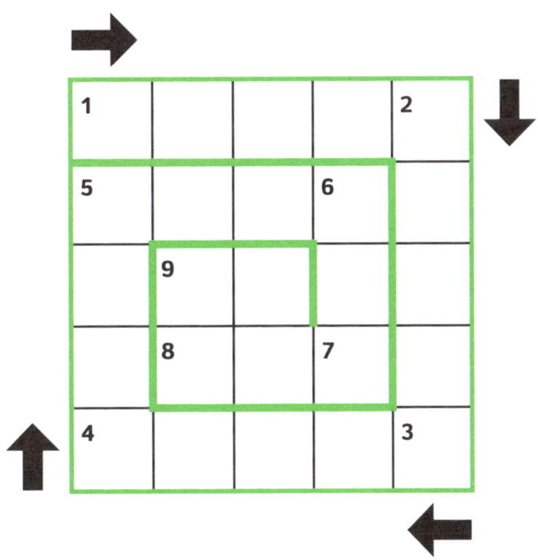

Lösung

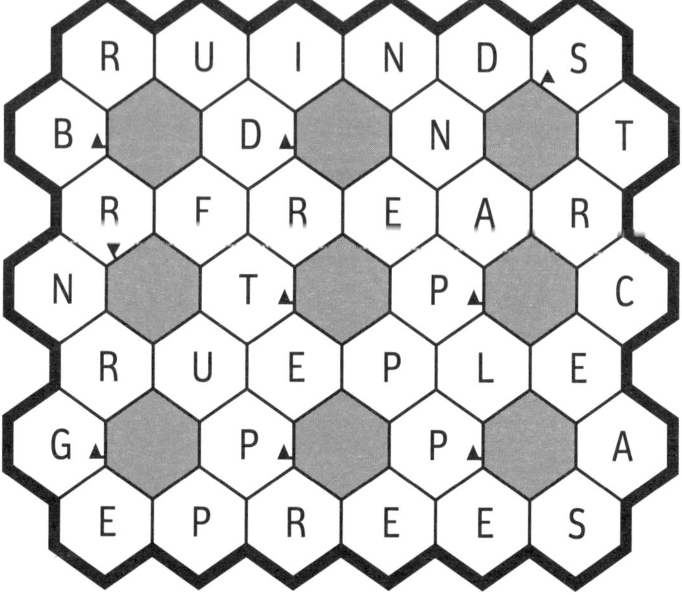

A	L	O	N	E
L	O	O	K	M
A	S	O	E	A
E	U	O	Y	I
M	R	E	A	L

1 engl.: Glas

2 dt.: aunt (die ~)

3 dt.: east (der ~)

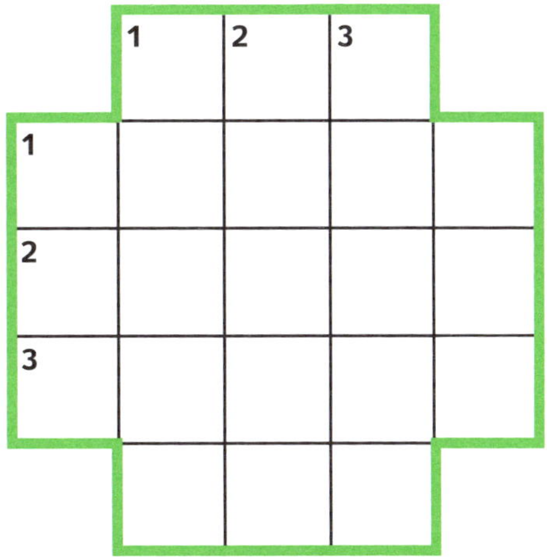

dt.: so-called	engl.: einmal	engl.: ausgehen (2W. to ~)	dt.: narrow			dt.: true	engl.: an		dt.: animal (das ~)		dt.: go up
									dt.: country (das ~)		
						engl.: anderer	engl.: dann	engl.: lassen (to ~)			
engl.: genug			engl.: sogar	dt.: red				engl.: bist			
					engl.: als					dt.: ear (das ~)	
dt.: expensive	engl.: sein (to ~)			engl.: sie				engl.: Hund			
dt.: tenth		dt.: it			engl.: Ende				engl.: er		
							engl.: brennen (to ~)				A2-1188

Lösung

	G	T	O	
G	L	A	S	S
T	A	N	T	E
O	S	T	E	N
	S	E	N	

				E	W			A		T	
S	O	G	E	N	A	N	N	T		I	S
E	N	O	U	G	H				L	E	T
	C	O			R	O	T		A	R	E
T	E	U	E	R		T	H	A	N		I
		T	V		S	H	E		D	O	G
	B		E	S		E	N	D		H	E
Z	E	H	N	T	E	R		B	U	R	N

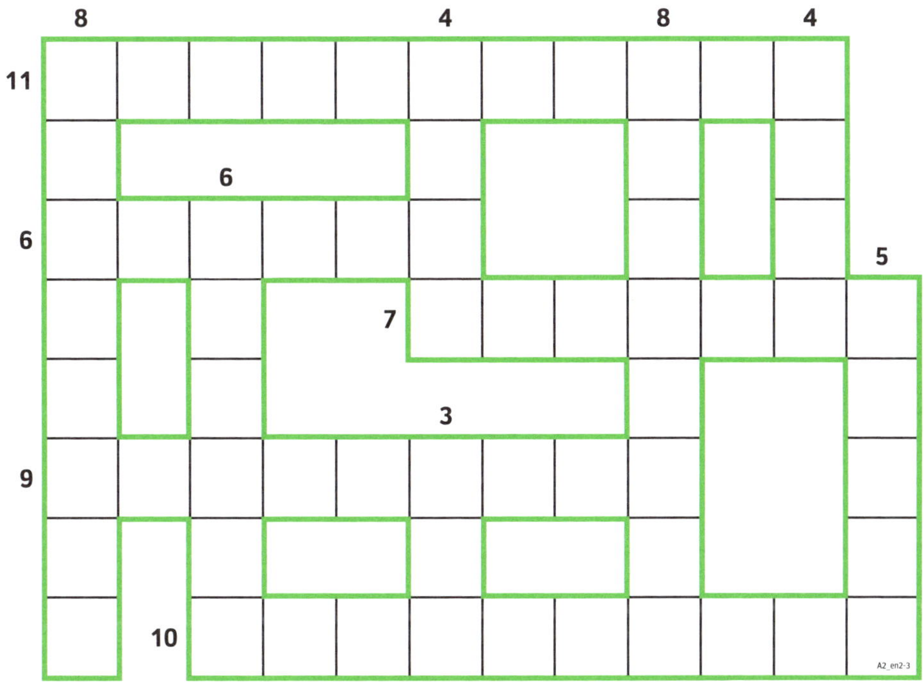

3 Buchstaben:
engl.: Meer

4 Buchstaben:
engl.: gleich,
engl.: Lied

5 Buchstaben:
dt.: next to

6 Buchstaben:
engl.: Garten,
engl.: lieber

7 Buchstaben:
dt.: born

8 Buchstaben:
dt.: English (das ~),
engl.: natürlich (2 W.)

9 Buchstaben:
dt.: sister (die ~)

10 Buchstaben:
dt.: repair

11 Buchstaben:
dt.: ground floor
(das ~)

Lösung

E	R	D	G	E	S	C	H	O	S	S	
N					O			F		A	
G	A	R	D	E	N			C		M	
L		A			G	E	B	O	R	E	N
I		T						U			E
S	C	H	W	E	S	T	E	R			B
C		E			E			S			E
H		R	E	P	A	R	I	E	R	E	N

engl.: obwohl		dt.: idea (die ~)		engl.: wiederholen (to ~)		engl.: Nachname	dt.: glad			dt.: that	engl.: Theater
engl.: Damen			7	2			engl.: Miete				
dt.: tea (der ~)				engl.: anziehen (2W. to ~)	1					dt.: talk	
engl.: nicht		engl.: jemals					engl.: hier	4			
			engl.: Ohr	engl.: ein			engl.: Stift	engl.: Meer			6
engl.: benutzen (to ~)				engl.: Kassette					engl.: nein	9	
engl.: dreizehn	3	engl.: als			dt.: mine						
						5		engl.: eins		A2-1117	8

to be

1	2	3	4	5	6	7	8	9

Lösung

■	A	■	I	■	R	■	■	F	J	■	■
■	L	A	D	I	E	S	■	R	E	N	T
■	T	E	E	■	P	U	T	O	N	■	H
■	H	■	E	V	E	R	■	H	E	R	E
N	O	T	■	■	A	N	■	■	S	E	A
■	U	S	E	■	T	A	P	E	■	D	T
■	G	■	A	S	■	M	E	I	N	E	R
T	H	I	R	T	E	E	N	■	O	N	E

to be pigheaded
(einen Dickkopf haben)

1 engl.: vierzig
2 engl.: deines
3 dt.: like (2 W.)
4 engl.: noch
5 engl.: Osten
6 engl.: Trinkgeld
7 engl.: stellen (to ~)
8 engl.: zu
9 engl.: von

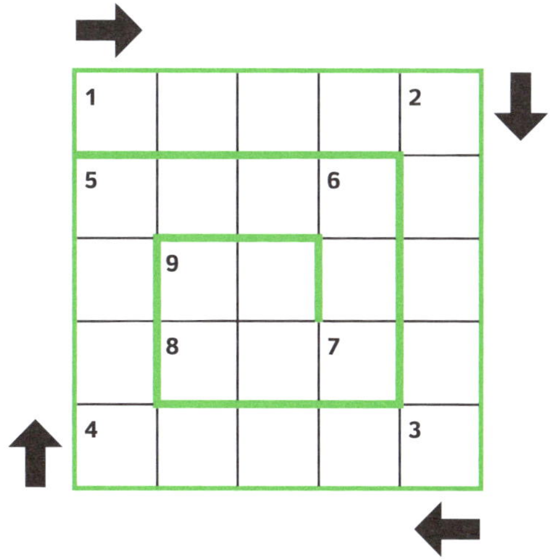

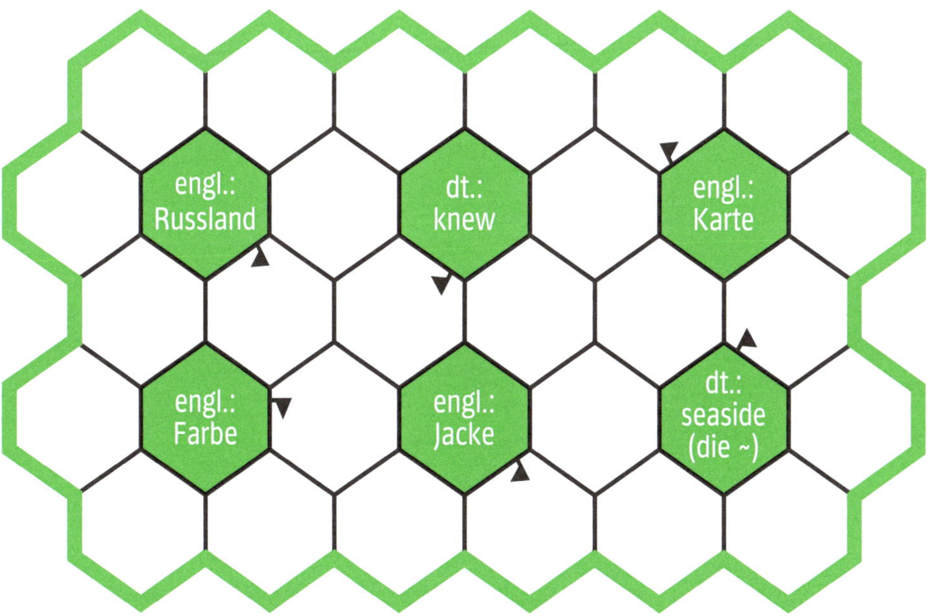

Lösung

F	O	R	T	Y
E	A	S	T	O
S	O	F	I	U
L	T	U	P	R
E	I	W	O	S

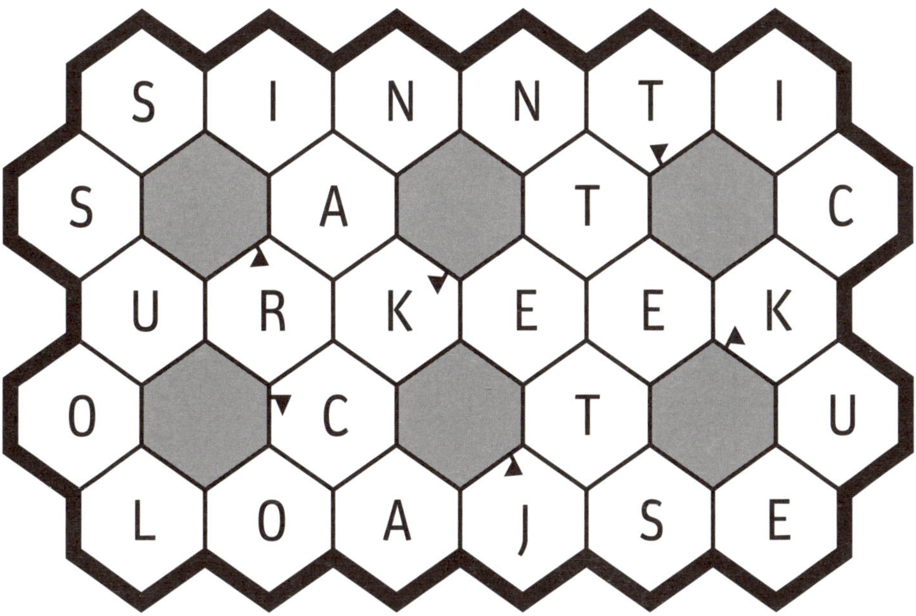

1 dt.: bird (der ~)

2 engl.: wieder

3 dt.: trip (die ~)

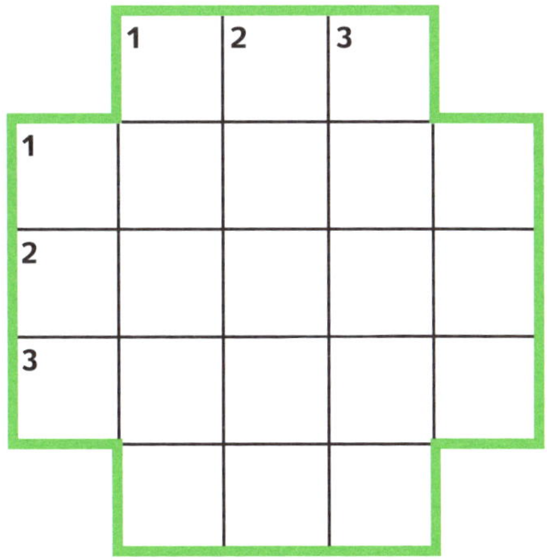

dt.: phone	engl.: elfter			dt.: away	engl.: Onkel		dt.: tea (der ~)		dt.: right	dt.: and	
engl.: Bein				dt.: pear (die ~)	dt.: eight		dt.: egg (das ~)			dt.: jacket (die ~)	
engl.: eins	engl.: nein		engl.: Ball					engl.: groß			engl.: dann
			engl.: Eis				engl.: dass				
			engl.: ein			engl.: fangen (to ~)					
dt.: of	dt.: aunt (die ~)						engl.: so wie				
dt.: without					dt.: follow						A2-1169

Lösung

	V	A	R	
V	O	G	E	L
A	G	A	I	N
R	E	I	S	E
	L	N	E	

		E	W			U		T			U
T	E	L	E	F	O	N	I	E	R	E	N
	L	E	G			C		E	I		D
		V		B	A	L	L		C	J	
O	N	E		I	C	E		T	H	A	T
V	O	N		R	H		C	A	T	C	H
		T	A	N	T	E		L	I	K	E
	O	H	N	E		F	O	L	G	E	N

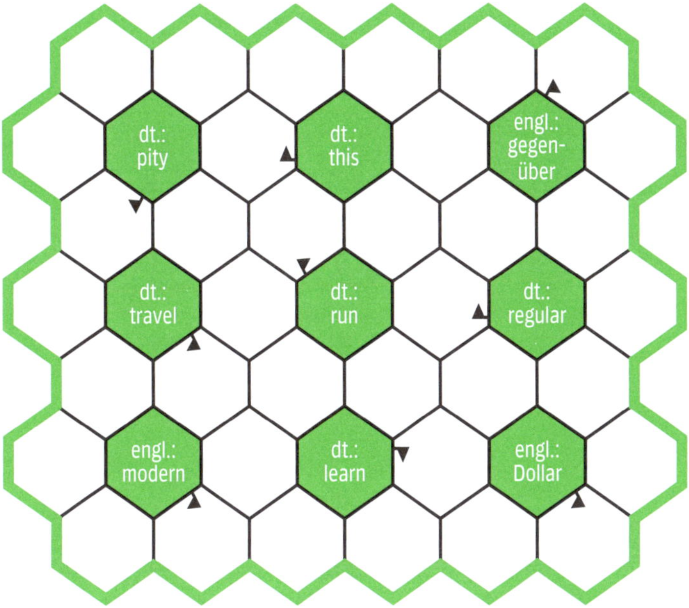

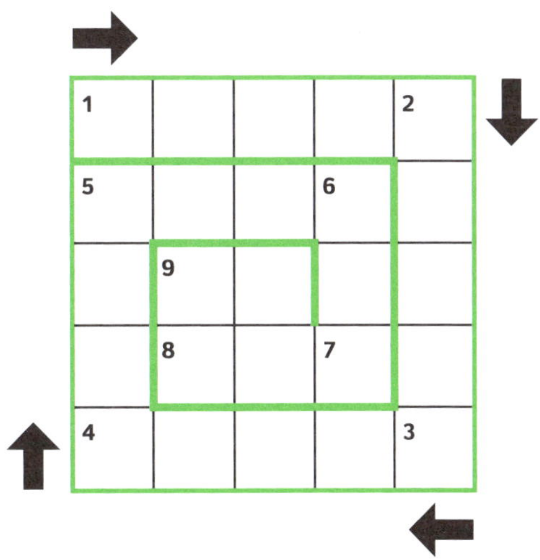

1 engl.: früh
2 engl.: jung
3 engl.: toll
4 engl.: Zeit
5 dt.: end (das ~)
6 dt.: eleven
7 engl.: wenige
8 engl.: wir
9 dt.: egg (das ~)

Lösung

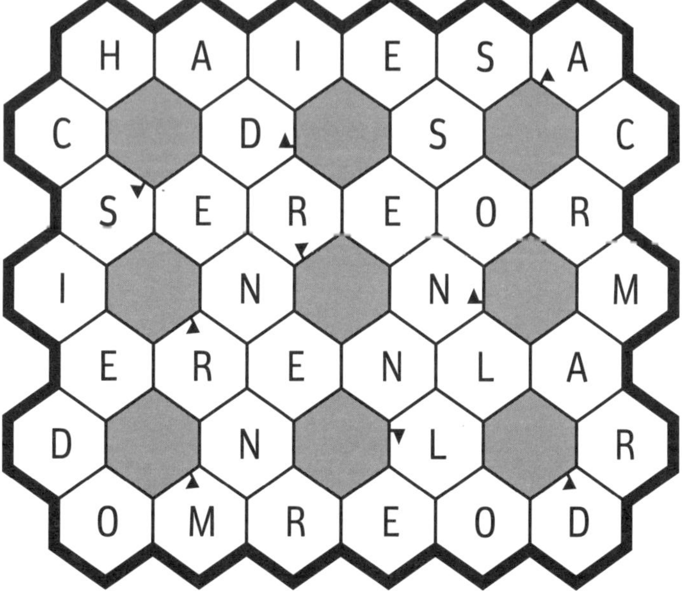

E	A	R	L	Y
E	N	D	E	O
M	E	I	L	U
I	W	E	F	N
T	A	E	R	G

1 engl.: Hotel

2 engl.: Steak

3 engl.: Herz

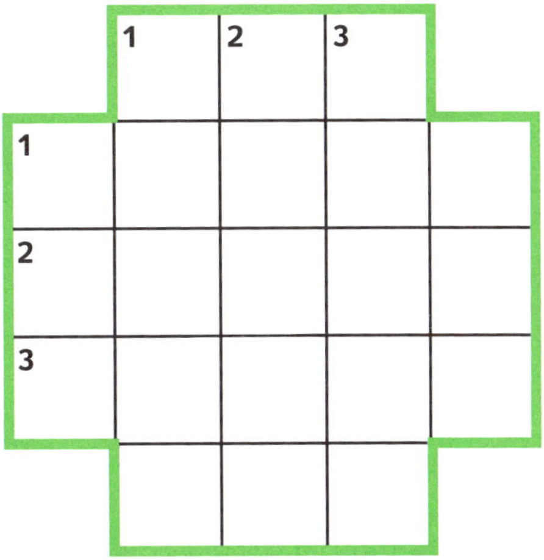

engl.: auch		engl.: an		engl.: eins	engl.: Kühlschrank	engl.: Beruf		engl.: fünfter		engl.: wenn	dt.: finish
						engl.: aus				dt.: mine	
engl.: viele (3 W.)		engl.: schließen (to ~)	engl.: hatte			engl.: niemand (2 W.)			engl.: mir		
							engl.: frei				
dt.: another (2 W.)	engl.: aus			dt.: there					engl.: benutzen (to ~)		
				engl.: gehen (to ~)			dt.: dog (der ~)				
engl.: Essen			engl.: Miete					engl.: sehen (to ~)			
dt.: part (der ~)					dt.: parents (die ~)						A2-1189

Lösung

	H	S	H	
H	O	T	E	L
S	T	E	A	K
H	E	A	R	T
	L	K	T	

	A		A				J		I		
A	L	O	T	O	F		O	F	F		B
	S			N	R		B	I		M	E
N	O	C	H	E	I	N		F	R	E	E
		L	A		D	O	R	T		I	N
F	O	O	D		G	O		H	U	N	D
	U	S		R	E	N	T		S	E	E
	T	E	I	L		E	L	T	E	R	N

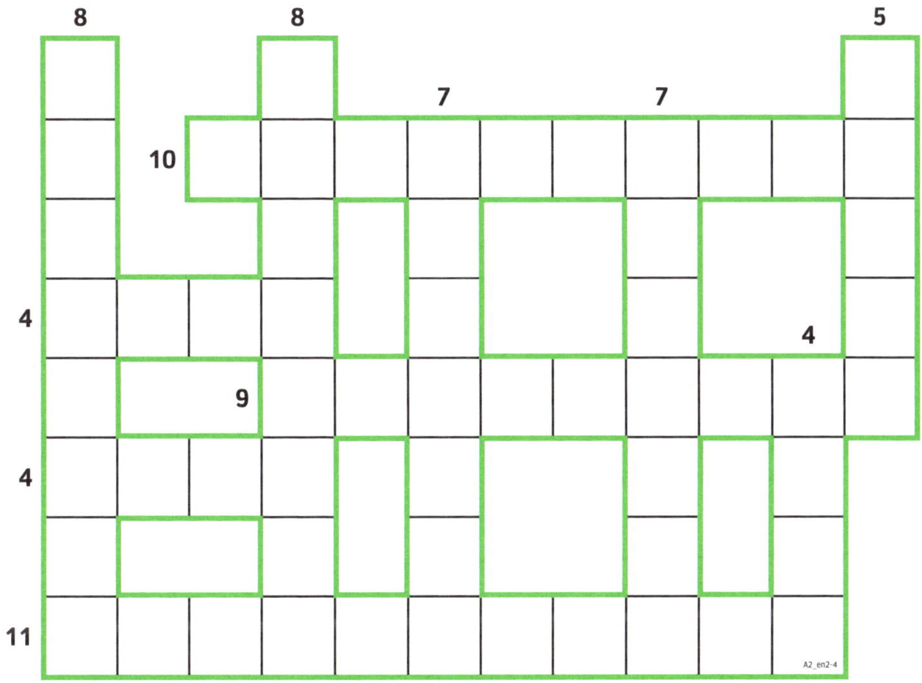

4 Buchstaben:
dt.: lamb (das ~), dt.: or, dt.: rest (der ~)

5 Buchstaben:
engl.: toll

7 Buchstaben:
engl.: Quittung, engl.: Theater

8 Buchstaben:
dt.: certainly, engl.: Regenschirm

9 Buchstaben:
dt.: on sale (2 W.)

10 Buchstaben:
engl.: weder noch (2 W.)

11 Buchstaben:
dt.: eighteenth

Lösung

U			B								G
M		N	E	I	T	H	E	R	N	O	R
B			S		H			E			E
R	E	S	T		E			C			A
E			I	M	A	N	G	E	B	O	T
L	A	M	M		T			I		D	
L			M		R			P		E	
A	C	H	T	Z	E	H	N	T	E	R	

Rätselspaß

engl.: November		engl.: möglich		dt.: ninety	dt.: finish		dt.: mountain (der ~)	dt.: snow	7		engl.: Euro
								engl.: Tasse			
engl.: Untertasse	1						dt.: theirs			3	
dt.: sit		dt.: door (die ~)		engl.: Ei		6		engl.: nein			engl.: Miete
	4					dt.: tea (der ~)				engl.: liegen (to ~)	
engl.: bauen (to ~)						engl.: es	engl.: Meile				
engl.: Bein				dt.: ice (das ~)				dt.: a			
dt.: he			engl.: Internet		5					A2-1123	2

to pull the

1	2	3	4	5	6	7

Lösung

	P		N			B			S	E	
N	O	V	E	M	B	E	R		C	U	P
	S	A	U	C	E	R		I	H	R	E
	S		N		E	G	G		N	O	
S	I	T	Z	E	N		T	E	E		R
	B	U	I	L	D			M	I	L	E
	L	E	G		E	I	S		E	I	N
	E	R		I	N	T	E	R	N	E	T

to pull the strings
(die Fäden ziehen)

1 engl.: putzen (to ~)
2 engl.: neunter
3 dt.: today
4 engl.: sogar
5 engl.: Notiz
6 dt.: a
7 dt.: new
8 engl.: uns
9 engl.: so

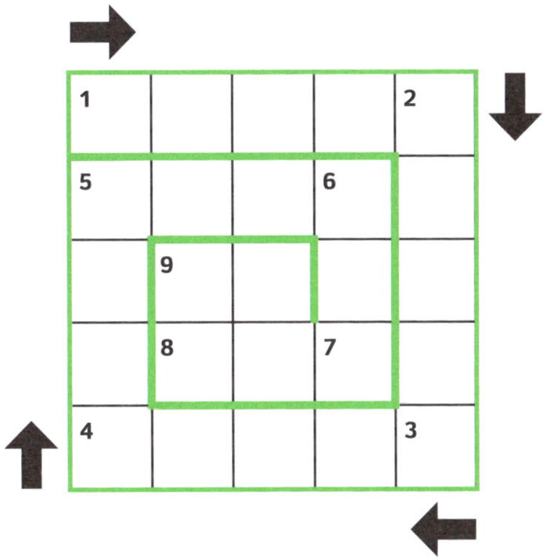

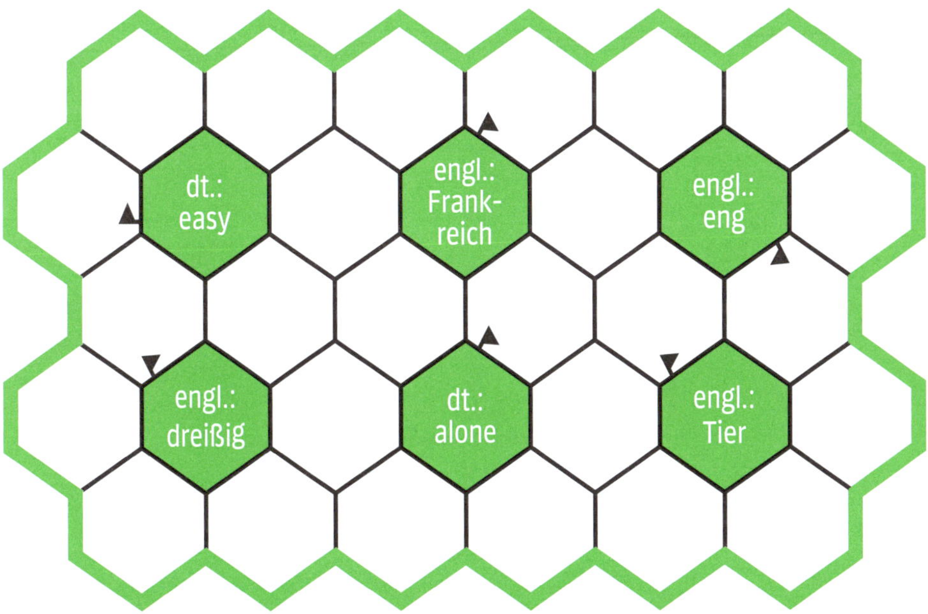

Lösung

C	L	E	A	N
N	O	T	E	I
E	S	O	I	N
V	U	E	N	T
E	T	U	E	H

1 engl.: Steak

2 dt.: expensive

3 dt.: noise (der ~)

	1	2	3	
1				
2				
3				

dt.: home (2 W.)		dt.: Russia	dt.: car (das ~)	engl.: nach oben	dt.: she		engl.: Medizin	dt.: island (die ~)	dt.: you		engl.: Pence
							engl.: Idee				
engl.: dumm							dt.: well				engl.: schreiben (to ~)
engl.: Stockwerk		engl.: einmal		dt.: one					engl.: sehr		
					engl.: rot		engl.: jemals				
engl.: Zoll			dt.: glasses (die ~)							engl.: oder	
				dt.: narrow				dt.: red			
engl.: entscheiden (to ~)							engl.: Reifen				A2-1170

Lösung

	S	T	L	
S	T	E	A	K
T	E	U	E	R
L	A	E	R	M
	K	R	M	

■	R	■	■	■	■	M	■	■	■	P	■
Z	U	H	A	U	S	E	■	I	D	E	A
■	S	T	U	P	I	D	■	N	U	N	■
■	S	■	T	■	E	I	N	S	■	C	W
F	L	O	O	R	■	C	■	E	V	E	R
■	A	N	■	B	R	I	L	L	E	■	I
I	N	C	H	■	E	N	G	■	R	O	T
■	D	E	C	I	D	E	■	T	Y	R	E

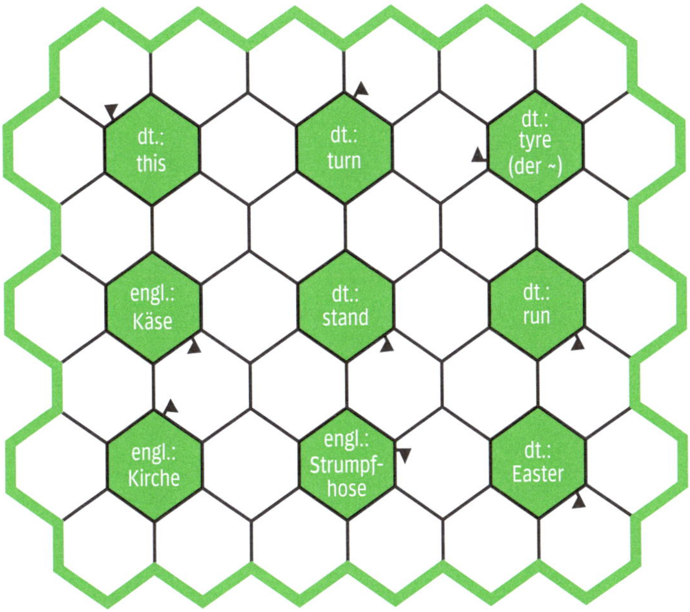

1 dt.: fight (der ~)
2 engl.: vierzig
3 engl.: jung
4 engl.: geben (to ~)
5 engl.: jeder
6 engl.: ihm
7 dt.: May
8 engl.: es
9 engl.: Fernseher

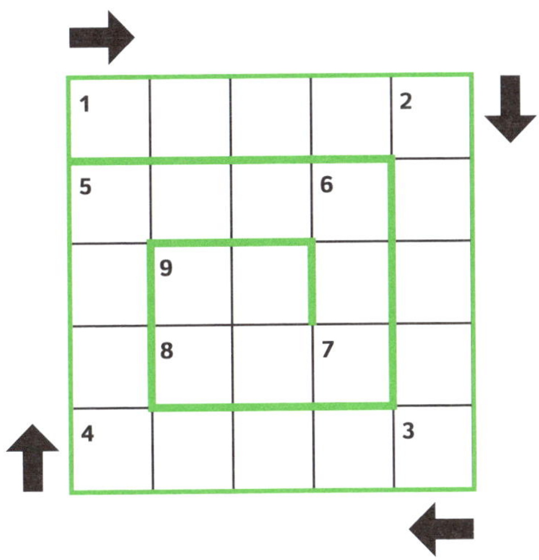

Lösung

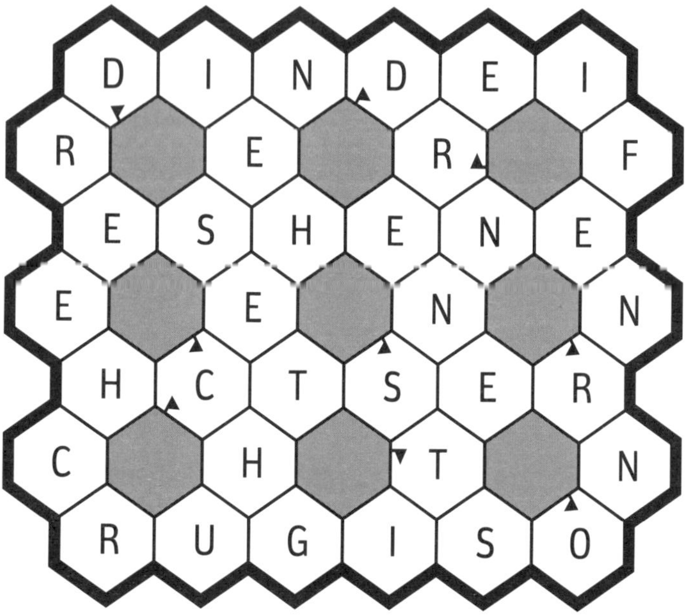

K	A	M	P	F
E	A	C	H	O
V	T	V	I	R
I	I	A	M	T
G	N	U	O	Y

1 dt.: go for

2 engl.: entlang

3 dt.: enough

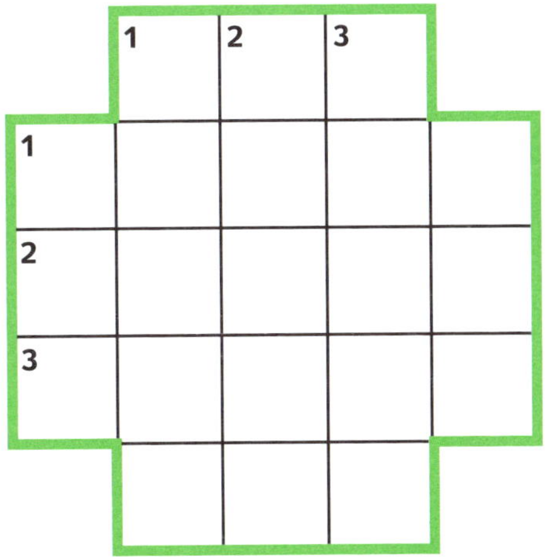

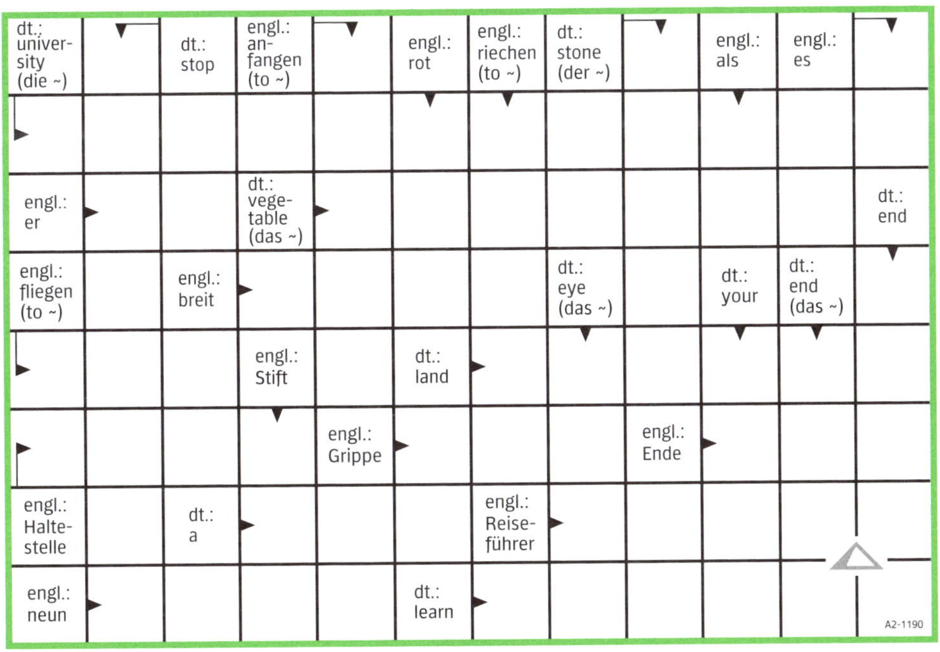

Lösung

	H	A	G	
H	O	L	E	N
A	L	O	N	G
G	E	N	U	G
	N	G	G	

	A			B				S			I
U	N	I	V	E	R	S	I	T	A	E	T
	H	E		G	E	M	U	E	S	E	
	A		W	I	D	E		I			E
F	L	Y		N		L	A	N	D	E	N
S	T	O	P		F	L	U		E	N	D
	E		E	I	N		G	U	I	D	E
	N	I	N	E		L	E	R	N	E	N

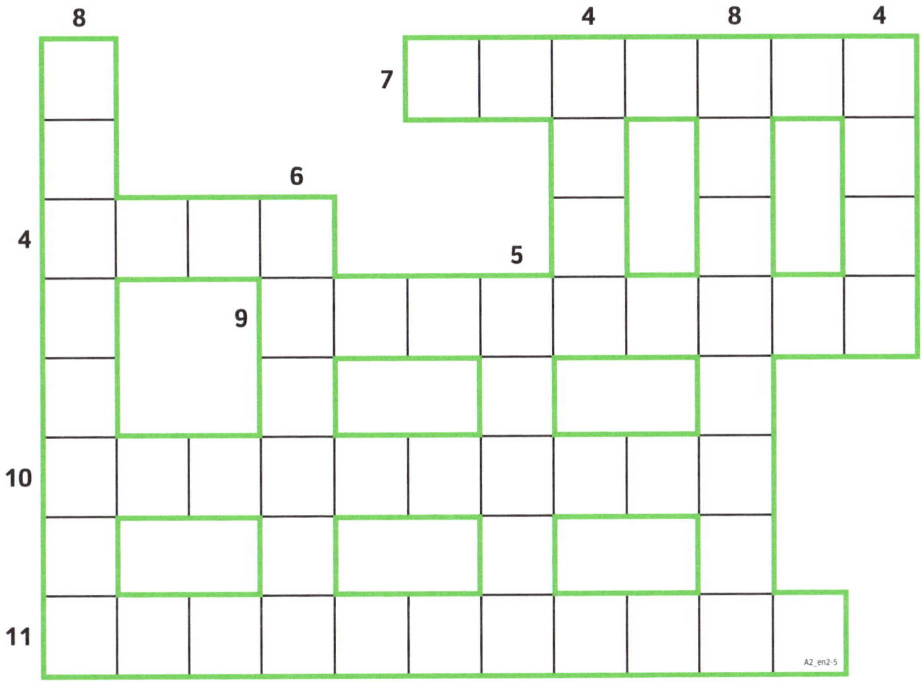

4 Buchstaben:
engl.: kalt, engl.: Ausgang, engl.: Ring

5 Buchstaben:
dt.: rich

6 Buchstaben:
engl.: Karte

7 Buchstaben:
dt.: neighbour (der ~)

8 Buchstaben:
dt.: visit, dt.: while

9 Buchstaben:
dt.: okay (2 W.)

10 Buchstaben:
dt.: electrical

11 Buchstaben:
dt.: Germany

W					N	A	C	H	B	A	R
A							O		E		I
E	X	I	T				L		S		N
H			I	N	O	R	D	N	U	N	G
R			C			E			C		
E	L	E	K	T	R	I	S	C	H		
N			E			C			E		
D	E	U	T	S	C	H	L	A	N	D	

engl.: alle	dt.: quarter (das ~)	dt.: he		engl.: frisch	engl.: sein (to ~)		engl.: halten (to ~)		engl.: mein		engl.: vier
			2						engl.: Paket		engl.: besser
				engl.: einsteigen (2W. to ~)			dt.: there	engl.: Kneipe	5		
engl.: Feuer		engl.: Euro			engl.: neun			engl.: bist			
		6				dt.: ear (das ~)				engl.: USA	
dt.: turn			dt.: animal (das ~)					engl.: schneiden (to ~)		3	
7			4			engl.: diese	1				
dt.: appointment (der ~)			dt.: new				dt.: clear				A2-1116

to | 1 | 2 | 3 | 4 | 5 | 6 | 7 | something from the housetops

Lösung

■	■	■	F	■	■	H	■	M	■	F	■
E	V	E	R	Y	B	O	D	Y	■	O	■
F	I	R	E	■	E	L	■	■	P	U	B
■	E	■	S	G	■	D	D	■	A	R	E
D	R	E	H	E	N	■	O	H	R	■	T
■	T	U	■	T	I	E	R	■	C	U	T
T	E	R	M	I	N	■	T	H	E	S	E
■	L	O	■	N	E	U	■	K	L	A	R

to trumpet something from the housetops
(etwas an die große Glocke hängen)

1 dt.: downstairs
2 engl.: Norden
3 engl.: Hotel
4 engl.: Lampe
5 engl.: drücken (to ~)
6 engl.: wie
7 engl.: gewinnen (to ~)
8 engl.: nein
9 engl.: von

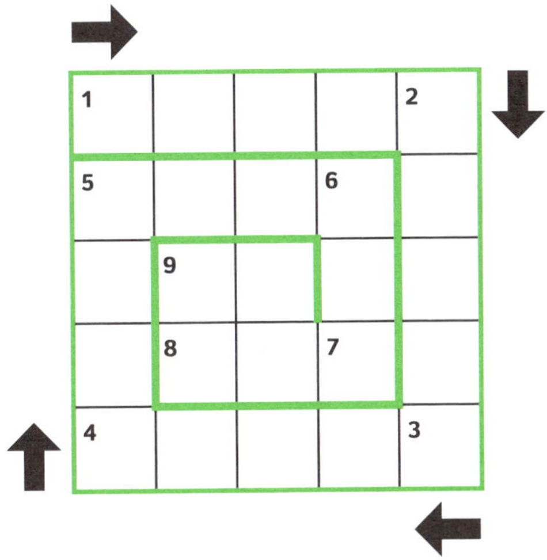

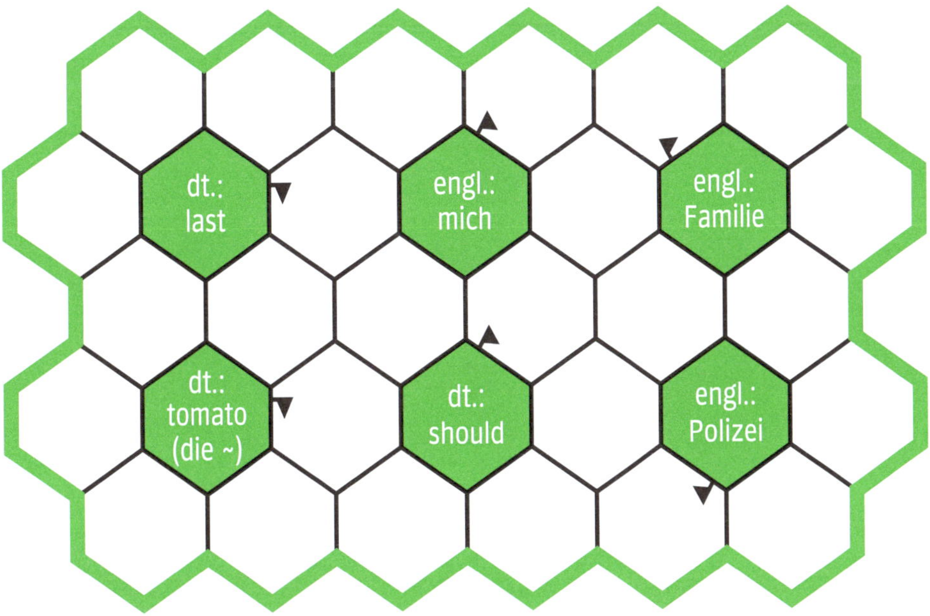

Lösung

U	N	T	E	N
P	U	S	H	O
M	O	F	O	R
A	N	I	W	T
L	E	T	O	H

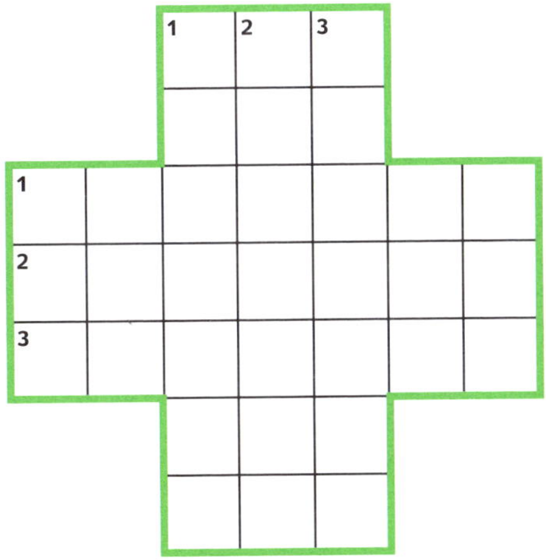

1 engl.: hundert

2 dt.: other

3 engl.: verheiratet

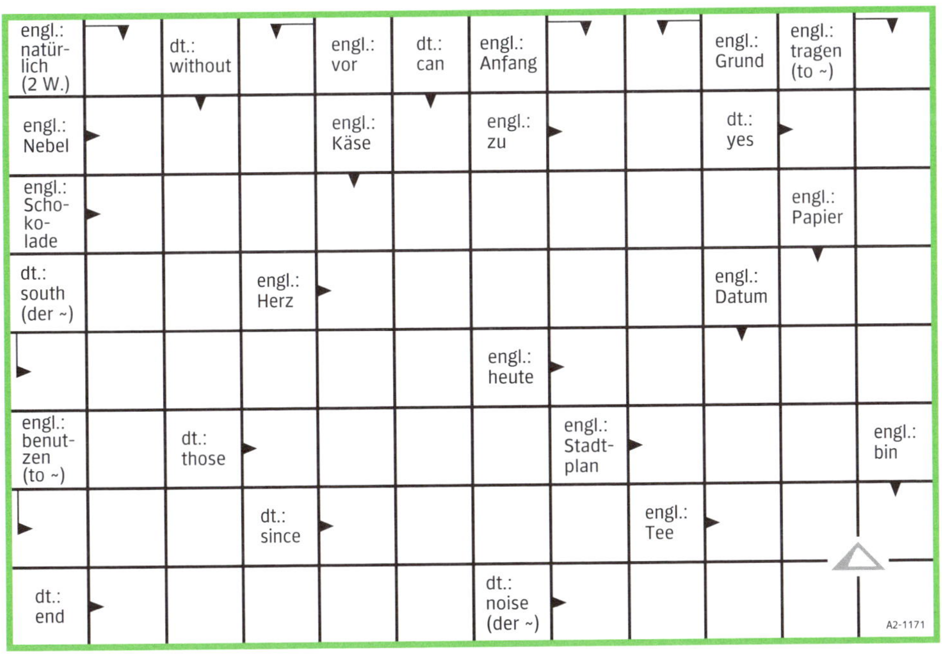

Lösung

		H	A	M		
		U	N	A		
H	U	N	D	R	E	D
A	N	D	E	R	E	R
M	A	R	R	I	E	D
		E	E	E		
		D	R	D		

	O		A				S	B			C
	F	O	G		K		T	O		J	A
	C	H	O	C	O	L	A	T	E		R
	O	N		H	E	A	R	T		P	R
S	U	E	D	E	N		T	O	D	A	Y
	R		J	E	N	E		M	A	P	
U	S	E		S	E	I	T		T	E	A
	E	N	D	E	N		L	A	E	R	M

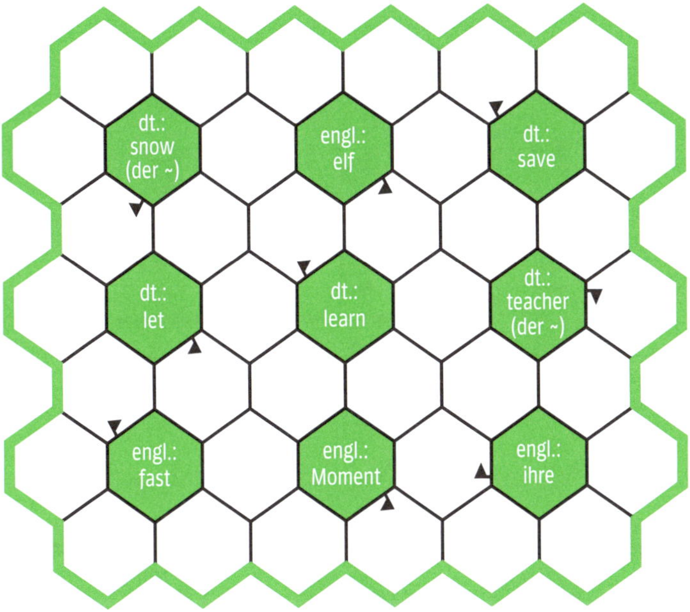

1 engl.: ein
2 engl.: nein
3 engl.: unser
4 engl.: rot
5 engl.: tief
6 engl.: nach
7 engl.: zweimal
8 dt.: end
9 engl.: nie

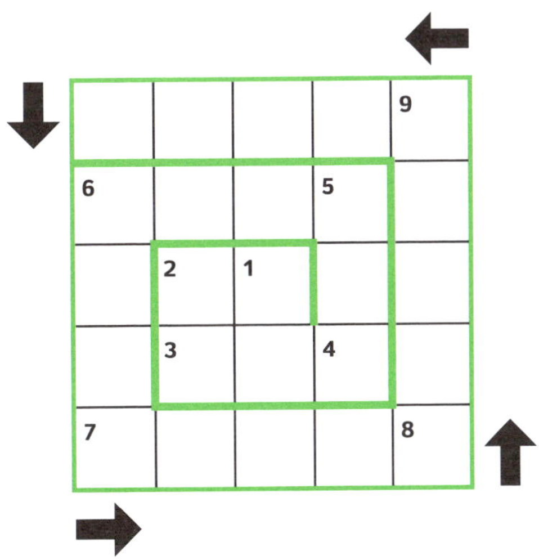

Lösung

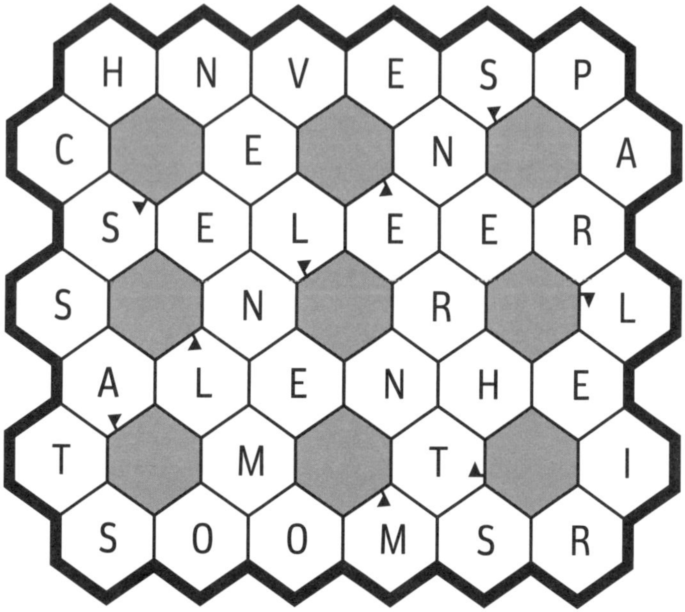

R	E	V	E	N
P	E	E	D	E
A	N	A	E	D
S	O	U	R	N
T	W	I	C	E

1 engl.: gesund

2 dt.: police (die ~)

3 dt.: last

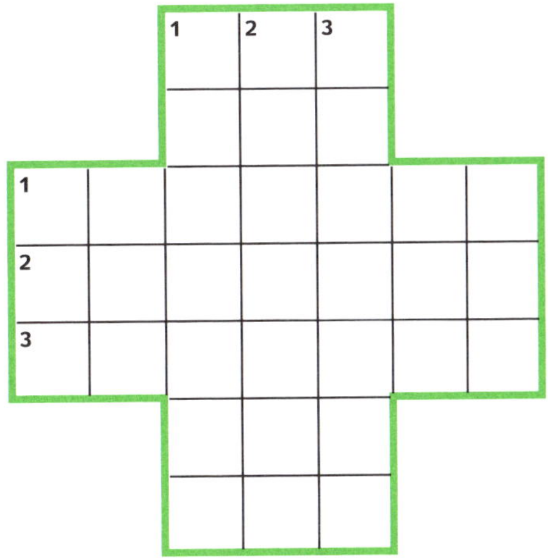

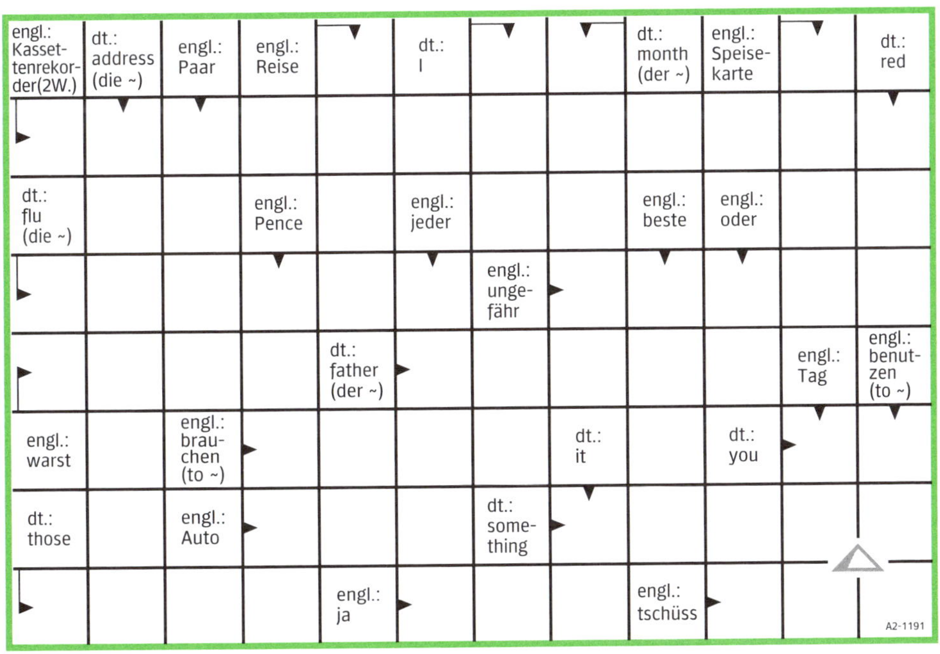

Lösung

		H	P	L		
		E	O	E		
H	E	A	L	T	H	Y
P	O	L	I	Z	E	I
L	E	T	Z	T	E	R
		H	E	E		
		Y	I	R		

				T		I	M			M	
T	A	P	E	R	E	C	O	R	D	E	R
	D	A		I		H	N			N	O
G	R	I	P	P	E		A	B	O	U	T
W	E	R	E		V	A	T	E	R		
	S		N	E	E	D		S		D	U
	S		C	A	R		E	T	W	A	S
J	E	N	E		Y	E	S		B	Y	E

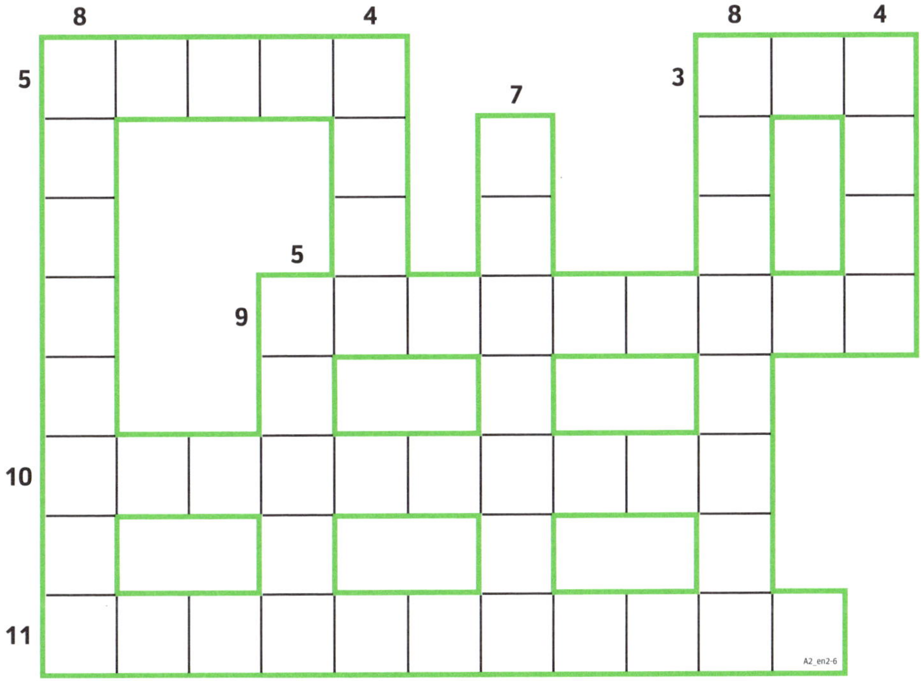

3 Buchstaben:
dt.: lake (der ~)

4 Buchstaben:
engl.: jeder, engl.: Schnee

5 Buchstaben:
dt.: everything, engl.: dritter

7 Buchstaben:
dt.: window (das ~)

8 Buchstaben:
engl.: irgendetwas, dt.: seem

9 Buchstaben:
engl.: zwanzigster

10 Buchstaben:
engl.: Einladung

11 Buchstaben:
engl.: Guten Morgen (2 W.)

Lösung

A	L	L	E	S					S	E	E
N				N		F			C		A
Y				O		E			H		C
T			T	W	E	N	T	I	E	T	H
H			H			S			I		
I	N	V	I	T	A	T	I	O	N		
N			R			E			E		
G	O	O	D	M	O	R	N	I	N	G	

dt.: present (das ~)	3	dt.: beach (der ~)			engl.: Steak		dt.: metal (das ~)	dt.: already			engl.: Ausstellung
dt.: disappointed											
engl.: Straße							dt.: read	engl.: wie			
engl.: danken (to ~)		dt.: everybody			engl.: erlauben (to ~)						engl.: Cent
					dt.: ice (das ~)			dt.: it		dt.: who	
			1	engl.: noch					engl.: also		
dt.: money (das ~)			engl.: hallo		2	dt.: eat					
engl.: Schlüssel				engl.: Sonne				dt.: place (der ~)			A2-1115

to | 1 | 2 | 3 | one's own grave

Lösung

■	G	■	S	S	■	M	■	■	S	S	■
■	E	N	T	T	A	E	U	S	C	H	T
■	S	T	R	E	E	T	■	■	H	O	W
■	C	■	A	A	■	A	L	L	O	W	■
T	H	A	N	K	■	L	E	■	N	■	C
G	E	L	D	■	E	L	S	E	■	W	E
■	N	L	■	H	I	■	E	S	S	E	N
■	K	E	Y	■	S	U	N	■	O	R	T

to dig one's own grave
(sein eigenes Grab schaufeln)

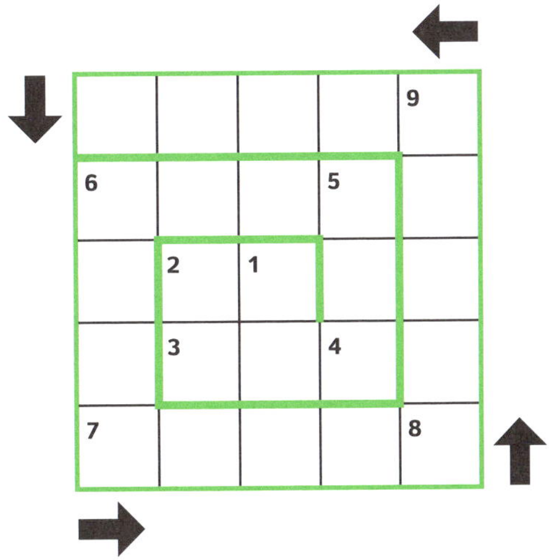

1 engl.: in
2 engl.: nein
3 dt.: place (der ~)
4 engl.: oben
5 dt.: pair (das ~)
6 engl.: Rest
7 dt.: cup (die ~)
8 engl.: jeder
9 engl.: deines

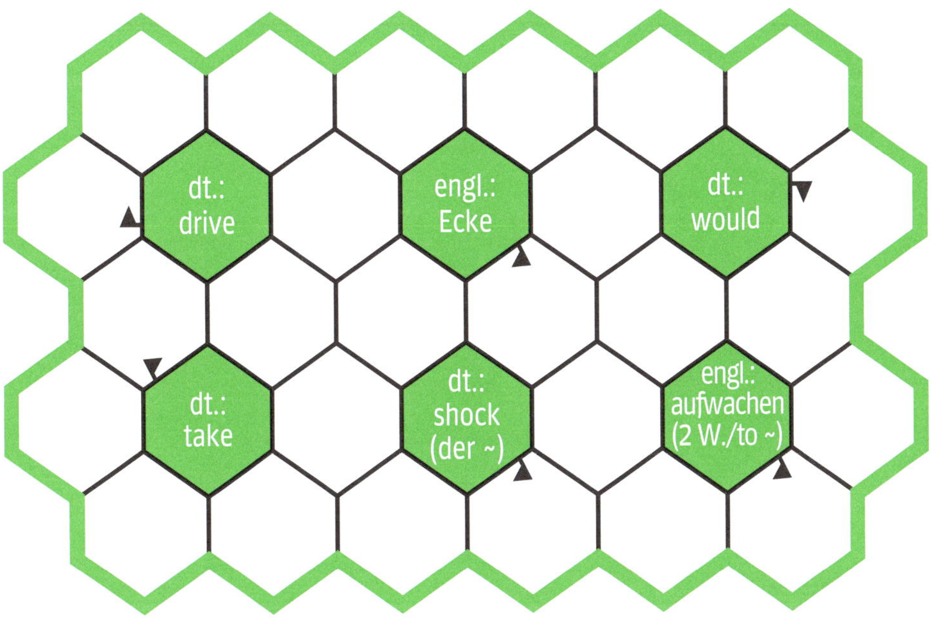

Lösung

S	R	U	O	Y
R	A	A	P	R
E	N	I	O	E
S	O	R	T	V
T	A	S	S	E

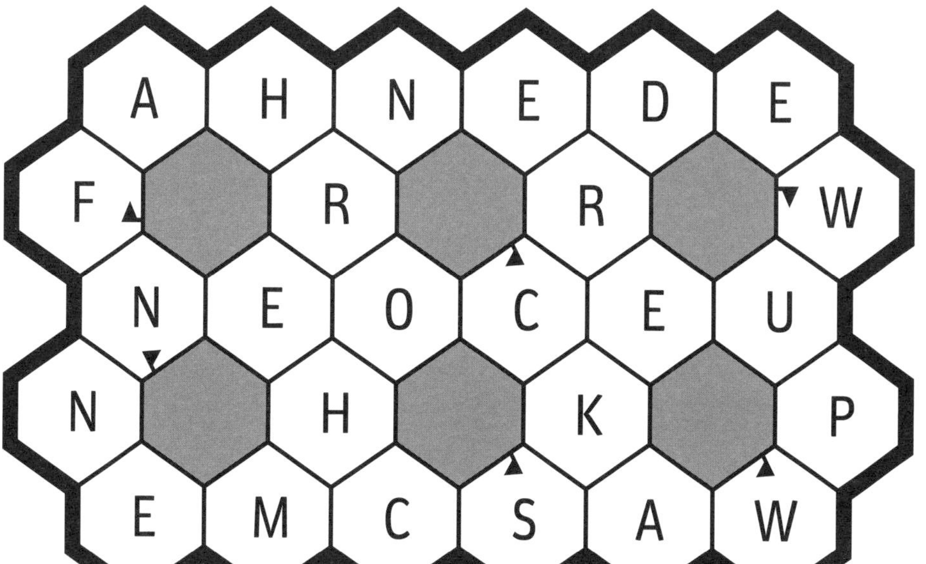

1 engl.: privat

2 engl.: siebzig

3 dt.: Spain

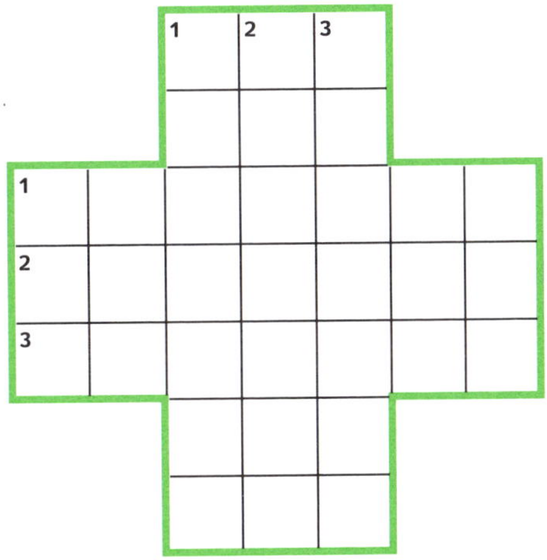

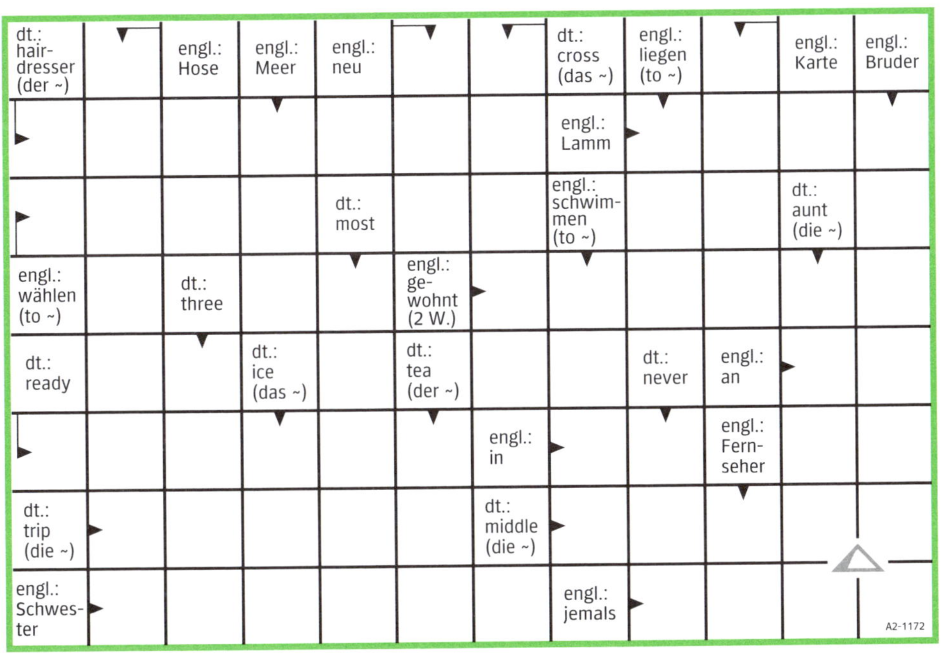

Lösung

		P	S	S		
		R	E	P		
P	R	I	V	A	T	E
S	E	V	E	N	T	Y
S	P	A	N	I	E	N
		T	T	E		
		E	Y	N		

■	T	■	■	■	N	K	■	■	C	■	■
F	R	I	S	O	E	R	■	L	A	M	B
V	O	T	E	■	W	E	■	I	R	■	R
■	U	■	A	M	■	U	S	E	D	T	O
■	S	D	■	E	■	Z	W	■	■	A	T
B	E	R	E	I	T	■	I	N	■	N	H
■	R	E	I	S	E	■	M	I	T	T	E
■	S	I	S	T	E	R	■	E	V	E	R

Rätselspaß

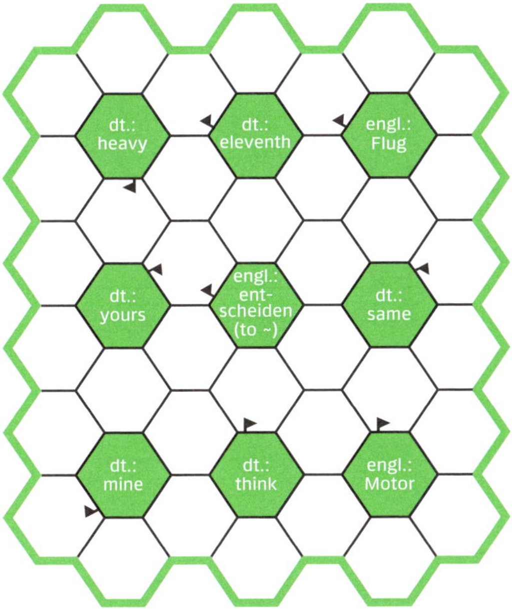

1 engl.: sein (to ~)
2 dt.: egg (das ~)
3 dt.: I
4 engl.: Schinken
5 engl.: viele
6 engl.: Hof
7 dt.: thick
8 engl.: drei
9 engl.: genießen (to ~)

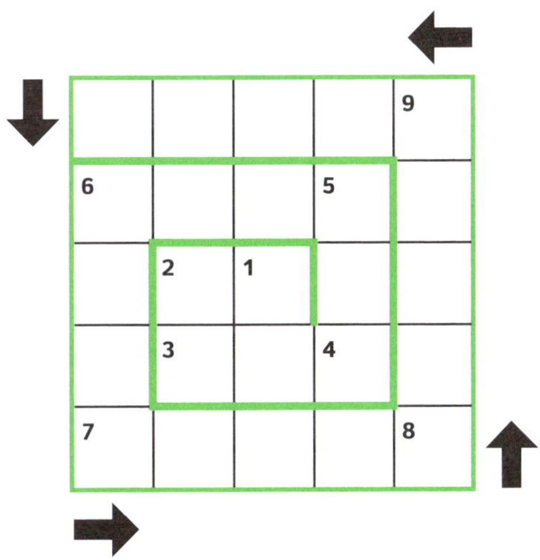

Lösung

Y	O	J	N	E
Y	N	A	M	E
A	E	B	A	R
R	I	C	H	H
D	I	C	H	T

1 dt.: future (die ~)

2 dt.: ninth

3 engl.: Zahnarzt

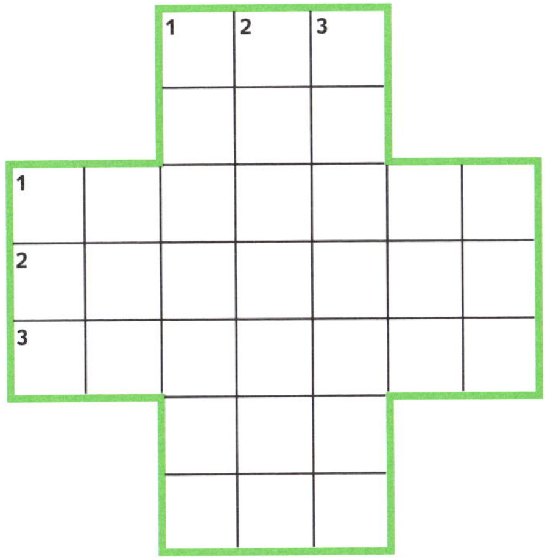

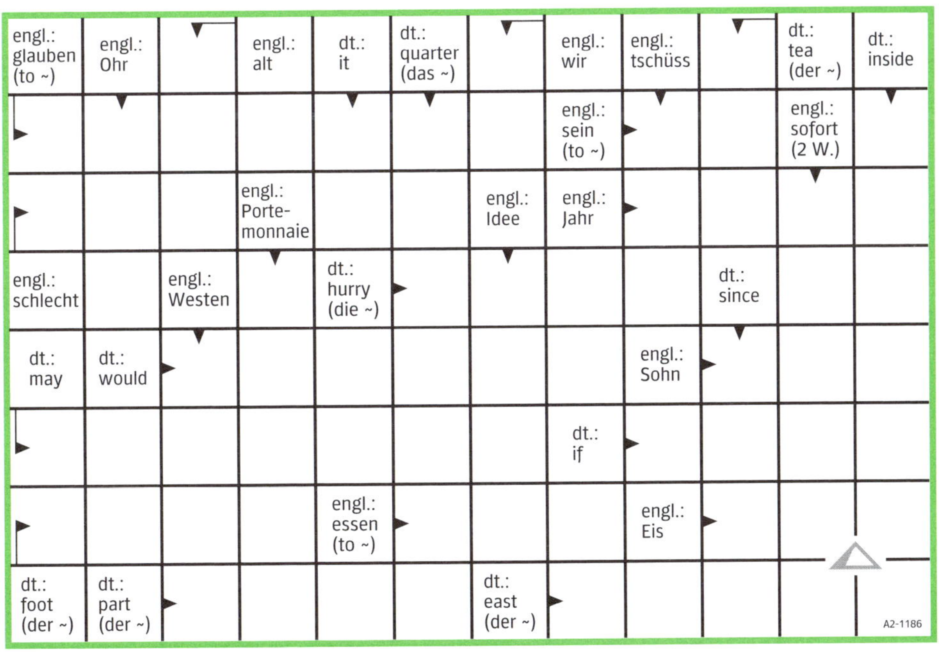

Lösung

		Z	N	D		
		U	E	E		
Z	U	K	U	N	F	T
N	E	U	N	T	E	R
D	E	N	T	I	S	T
		F	E	S		
		T	R	T		

		O				W			T		
B	E	L	I	E	V	E		B	E		D
B	A	D		S	I			Y	E	A	R
	R		P		E	I	L	E		T	I
		W	U	E	R	D	E		S	O	N
D	U	E	R	F	T	E		W	E	N	N
F	U	S	S		E	A	T		I	C	E
		T	E	I	L		O	S	T	E	N

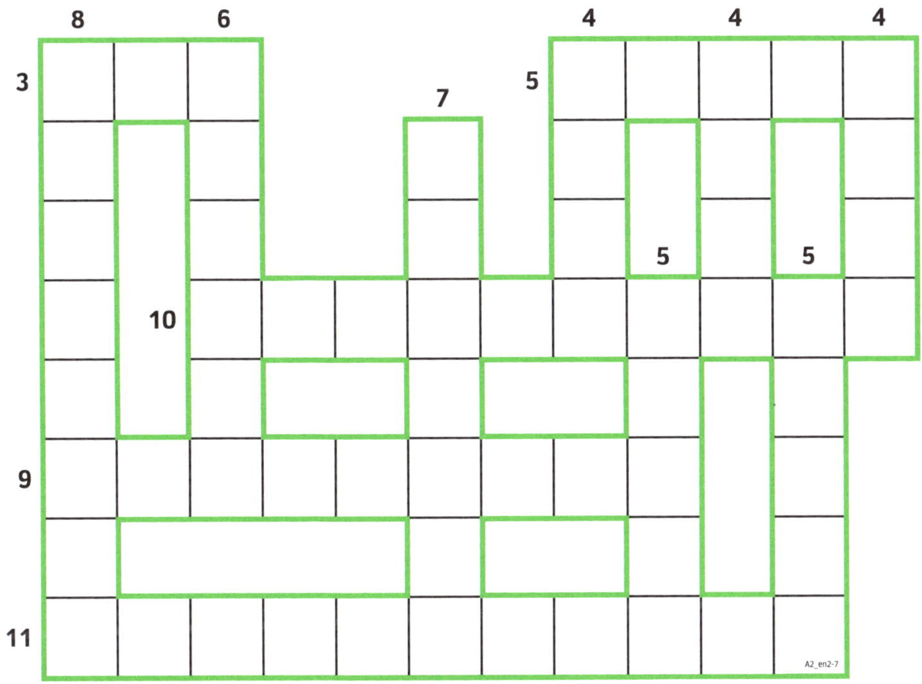

3 Buchstaben:
dt.: o'clock

4 Buchstaben:
engl.: aus, dt.: yellow, dt.: yard (das ~)

5 Buchstaben:
engl.: allein, engl.: neblig, engl.: Motor

6 Buchstaben:
engl.: Russland

7 Buchstaben:
engl.: nirgendwo

8 Buchstaben:
engl.: oben

9 Buchstaben:
dt.: on sale (2 W.)

10 Buchstaben:
dt.: swimming pool (das ~)

11 Buchstaben:
dt.: menu (die ~)

Lösung

U	H	R					F	O	G	G	Y
P		U			N		R		E		A
S		S			O		O		L		R
T		S	C	H	W	I	M	M	B	A	D
A		I			H			O		L	
I	M	A	N	G	E	B	O	T		O	
R					R			O		N	
S	P	E	I	S	E	K	A	R	T	E	

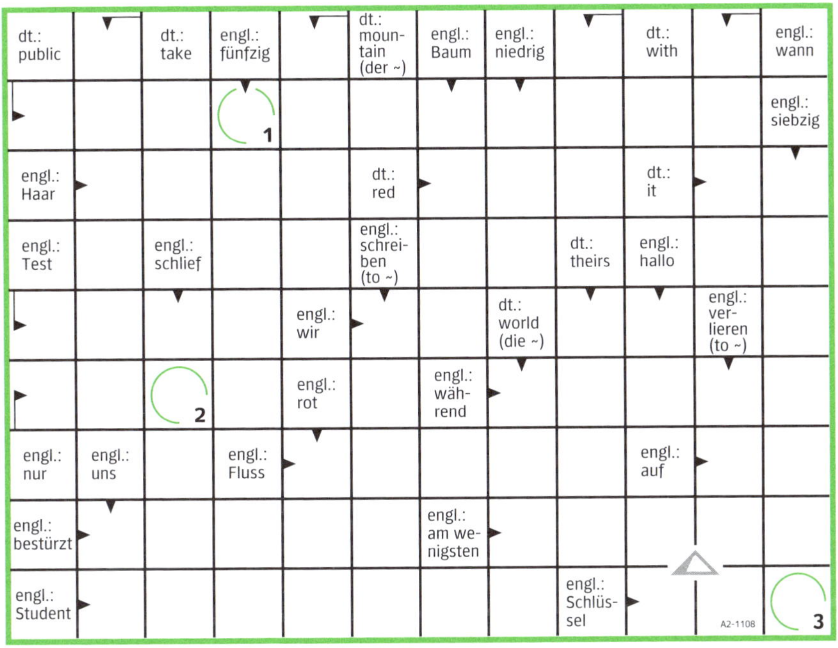

to | 1 | 2 | 3 | at somebody's throat

Lösung

	N			B				M		W	
O	E	F	F	E	N	T	L	I	C	H	
	H	A	I	R		R	O	T		E	S
	M		F	G		E	W			N	E
T	E	S	T		W	E		I	H		V
O	N	L	Y		R		W	H	I	L	E
		E		R	I	V	E	R		O	N
	U	P	S	E	T		L	E	A	S	T
	S	T	U	D	E	N	T		K	E	Y

to fly at somebody's throat
(jemandem an die Gurgel gehen)

1 engl.: in
2 engl.: nein
3 dt.: oil (das ~)
4 engl.: Bein
5 engl.: Mädchen
6 engl.: spät
7 engl.: genießen (to ~)
8 engl.: deines
9 engl.: leid

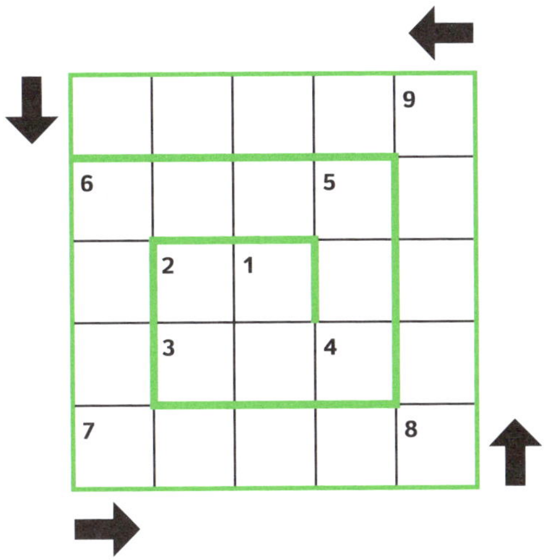

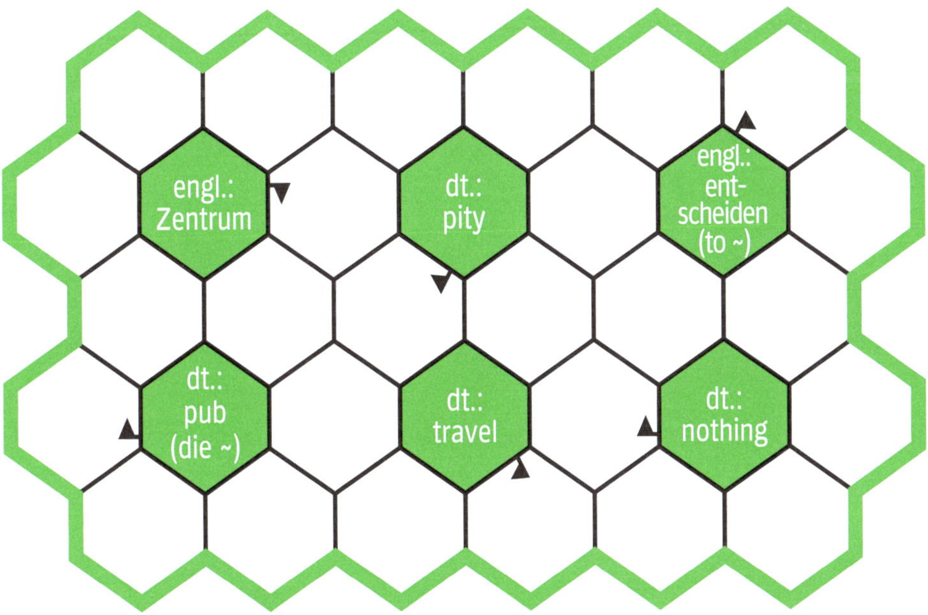

Y	R	R	O	S
L	R	I	G	R
A	N	I	E	U
T	O	E	L	O
E	N	J	O	Y

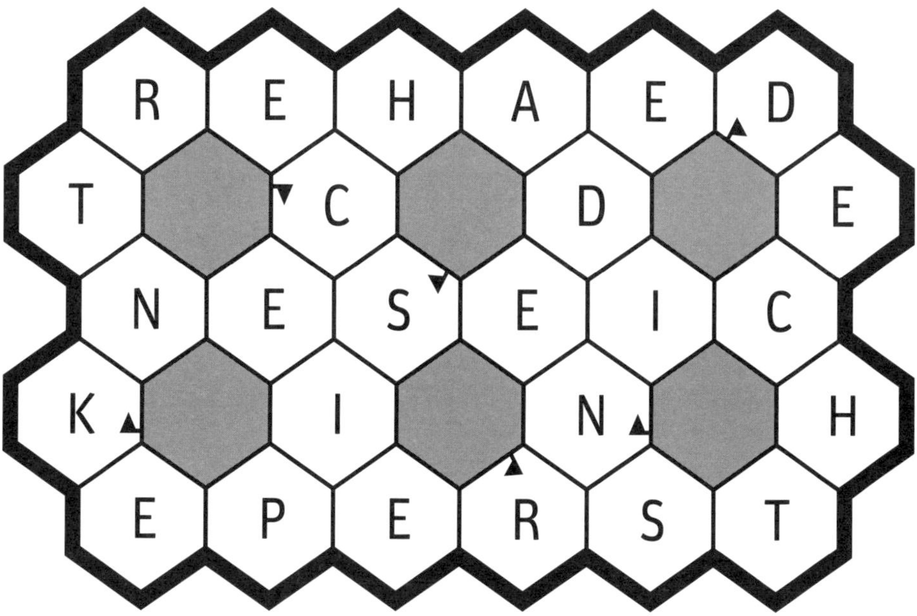

1 dt.: stay

2 dt.: hairdresser (der ~)

3 dt.: born

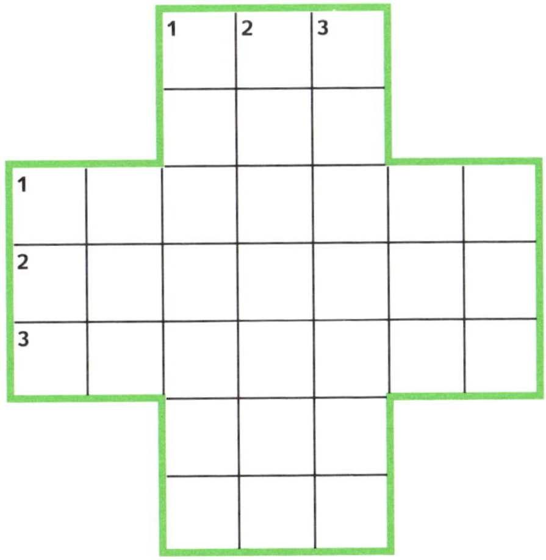

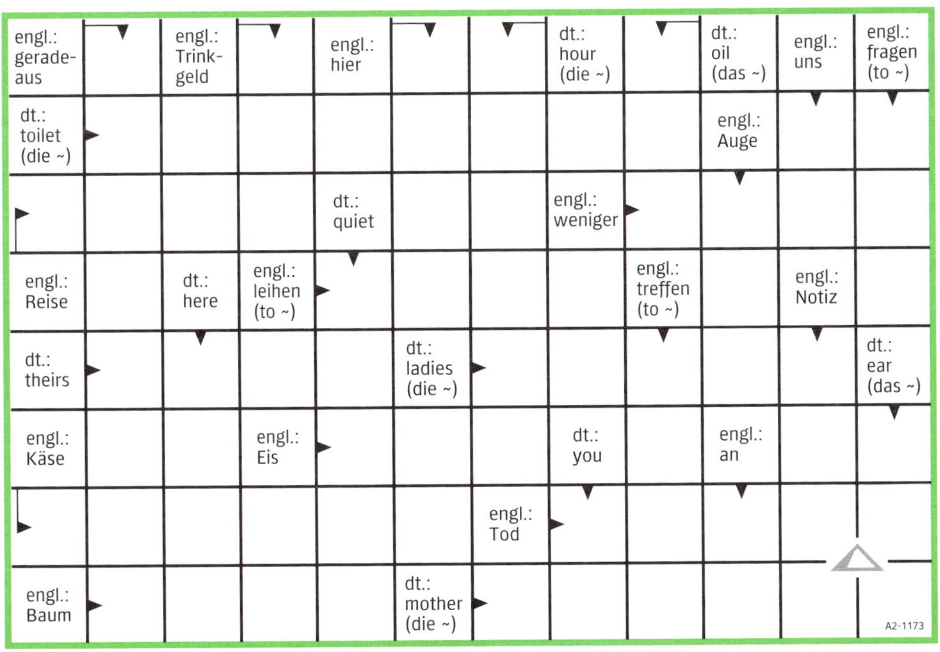

Lösung

		B	F	G		
		L	R	E		
B	L	E	I	B	E	N
F	R	I	S	O	E	R
G	E	B	O	R	E	N
		E	E	E		
		N	R	N		

	S		T		H	S		O			
	T	O	I	L	E	T	T	E		U	A
T	R	I	P		R	U		L	E	S	S
	A			L	E	N	D		Y		K
	I	H	R	E		D	A	M	E	N	
	G	I		I	C	E		E		O	O
C	H	E	E	S	E		D	E	A	T	H
	T	R	E	E		M	U	T	T	E	R

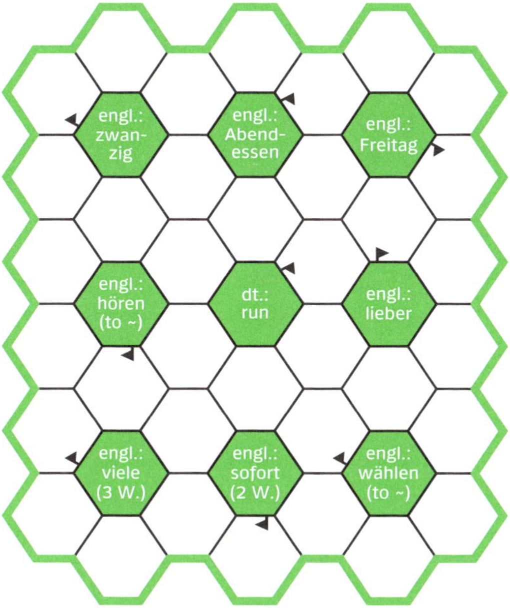

1 dt.: it
2 engl.: also
3 dt.: often
4 dt.: day (der ~)
5 dt.: guest (der ~)
6 dt.: deep
7 engl.: fünfzig
8 engl.: jung
9 engl.: Glas

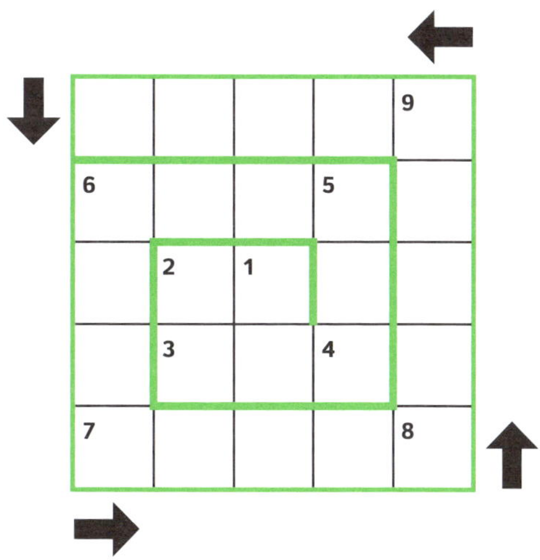

Lösung

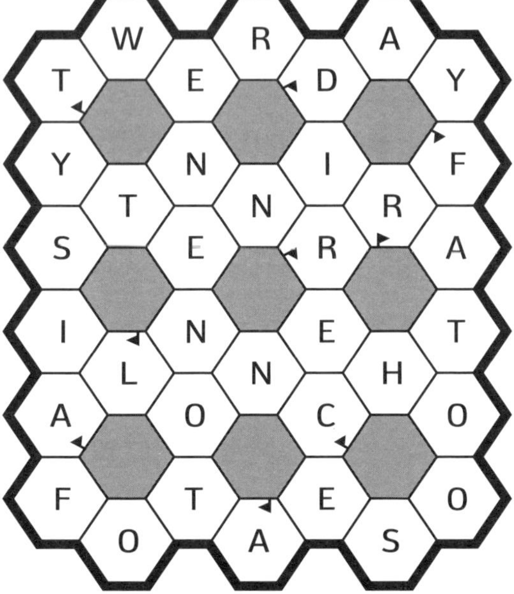

S	S	A	L	G
T	S	A	G	N
I	S	E	A	U
E	O	F	T	O
F	I	F	T	Y

1 dt.: used to

2 engl.: Problem

3 dt.: lock (das ~)

dt.: change (das ~)		engl.: ja	dt.: dog (der ~)	engl.: sagen (to ~)	dt.: he		dt.: dress (das ~)		dt.: part (der ~)		dt.: or
											engl.: Schwester
engl.: Platz							dt.: air (die ~)		dt.: it		
engl.: Straße	engl.: über	dt.: eye (das ~)			engl.: krank				dt.: June		
				engl.: eins	dt.: you			dt.: red		engl.: Eis	
dt.: rain (der ~)			engl.: oder			engl.: Obst					
					engl.: sofort (2 W.)						
engl.: wiederholen (to ~)							dt.: animal (das ~)				A2-1193

		G	P	S		
		E	R	C		
G	E	W	O	H	N	T
P	R	O	B	L	E	M
S	C	H	L	O	S	S
		N	E	S		
		T	M	S		

	Y					K		T		O	
W	E	C	H	S	E	L	G	E	L	D	
	S	Q	U	A	R	E		I		E	S
			N	Y		I	L	L		R	I
R	O	A	D			D	U		J		S
	V	U		O	R		F	R	U	I	T
R	E	G	E	N		A	T	O	N	C	E
	R	E	P	E	A	T		T	I	E	R

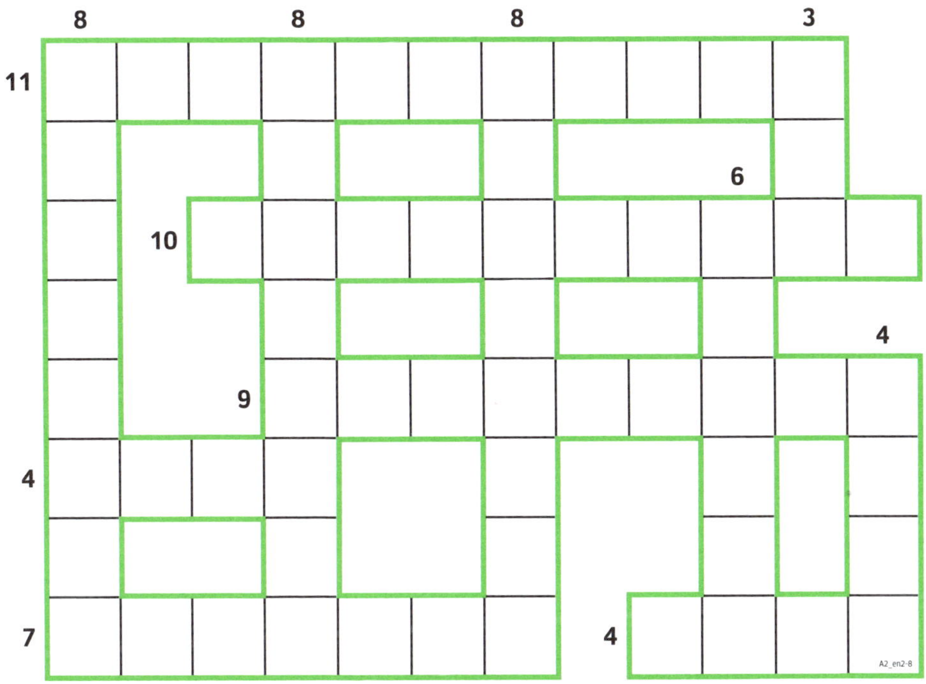

3 Buchstaben:
dt.: well

7 Buchstaben:
engl.: Nachname

10 Buchstaben:
dt.: restaurant (das ~)

4 Buchstaben:
dt.: corner (die ~),
dt.: end (das ~),
dt.: ounce (die ~)

8 Buchstaben:
dt.: thirteen, engl.: Kopfschmerzen,
engl.: Kellnerin

11 Buchstaben:
dt.: repeat

6 Buchstaben:
engl.: Herbst

9 Buchstaben:
dt.: cigarette (die ~)

W	I	E	D	E	R	H	O	L	E	N	
A			R			E				U	
I		R	E	S	T	A	U	R	A	N	T
T			I			D			U		
R			Z	I	G	A	R	E	T	T	E
E	C	K	E			C			U		N
S			H			H			M		D
S	U	R	N	A	M	E		U	N	Z	E

dt.: may			engl.: Sprache		engl.: Zustand	dt.: knife (das ~)	engl.: eins		engl.: auf		engl.: wer
dt.: invite			engl.: Brief		engl.: Monat		2				dt.: ferry (die ~)
			5					dt.: well	engl.: von		
dt.: today	engl.: bekom-men (to ~)				engl.: schi-cken (to ~)					engl.: Woche	
					engl.: kaufen (to ~)		engl.: sein		engl.: wir	3	
				dt.: leg (das ~)					dt.: where		
engl.: Sitz-platz	dt.: birth (die ~)						1	dt.: who			
engl.: Fähre		4				engl.: Rauch					A2-1122

to throw in the

1	2	3	4	5

Lösung

	M	L		S				O		W	
	A	A		T		M	O	N	T	H	
E	I	N	L	A	D	E	N			O	F
		G	E	T		S	E	N	D		A
H	E	U	T	E		S		U		W	E
S	E	A	T		B	E	I	N		E	H
		G	E	B	U	R	T		W	E	R
	F	E	R	R	Y		S	M	O	K	E

to throw in the towel
(das Handtuch werfen)

1 engl.: zu
2 engl.: von
3 engl.: Nebel
4 engl.: bekommen (to ~)
5 engl.: als
6 engl.: neun
7 engl.: E-Mail
8 dt.: read
9 engl.: nie

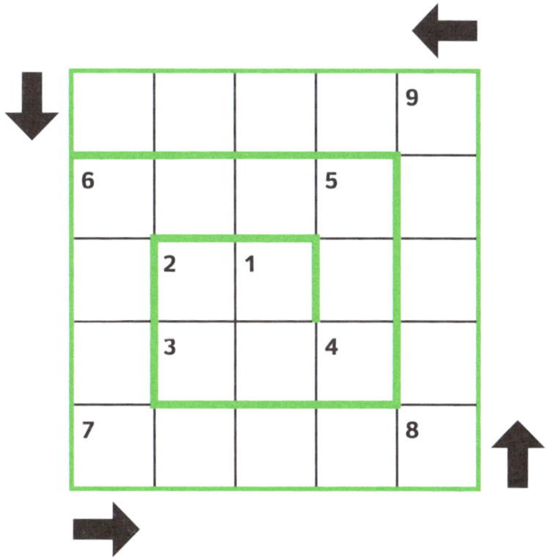

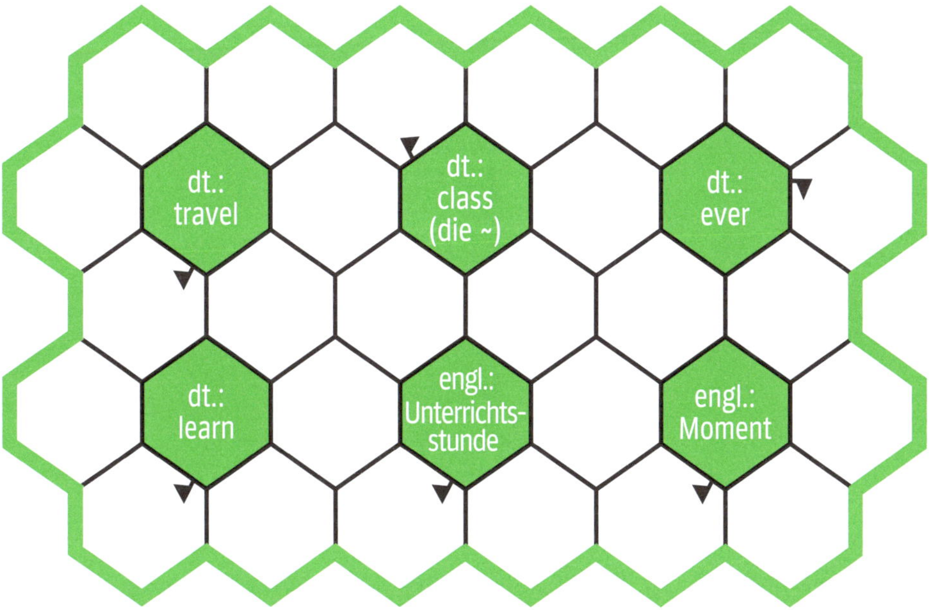

Lösung

R	E	V	E	N
N	A	H	T	E
I	O	T	E	S
N	F	O	G	E
E	M	A	I	L

1 engl.: Prozent (2 W.)

2 engl.: Quittung

3 dt.: Friday

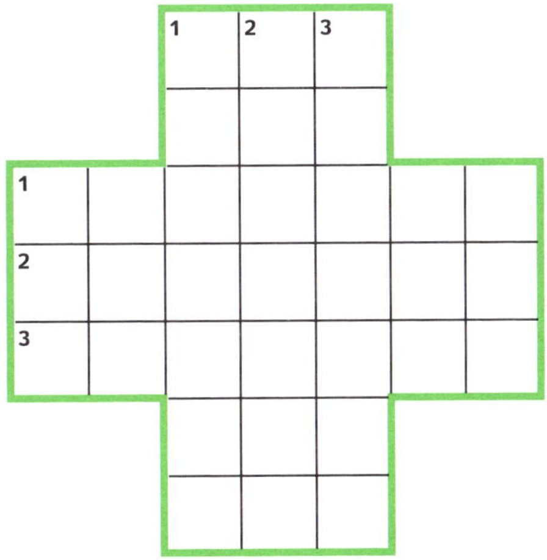

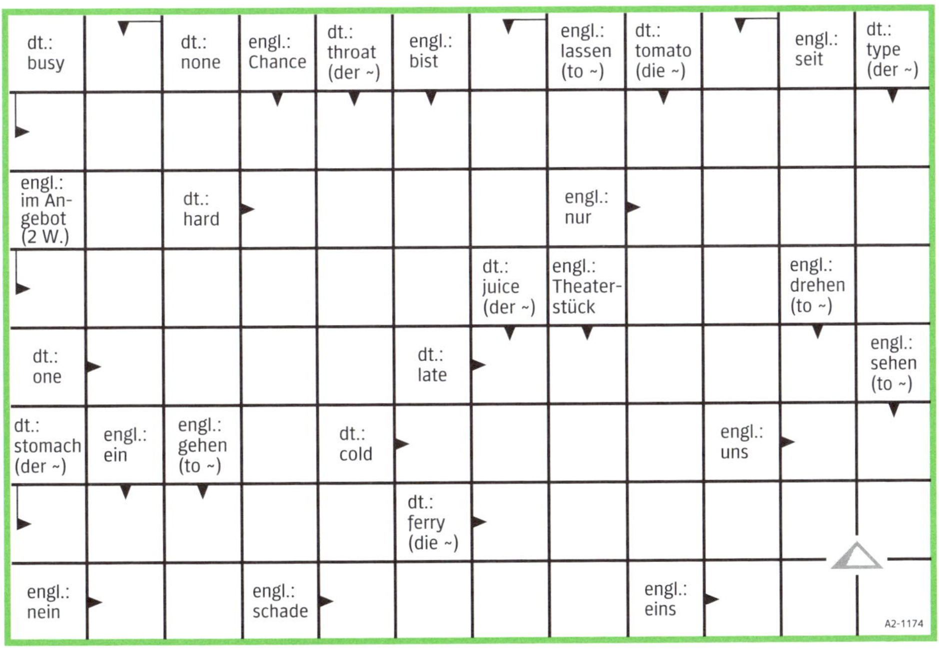

Lösung

		P	R	F		
		E	E	R		
P	E	R	C	E	N	T
R	E	C	E	I	P	T
F	R	E	I	T	A	G
		N	P	A		
		T	T	G		

	K					L			S		
B	E	S	C	H	A	E	F	T	I	G	T
	I		H	A	R	T		O	N	L	Y
O	N	S	A	L	E			M	C		P
	E	I	N	S		S	P	A	E	T	
			C		K	A	L	T		U	S
M	A	G	E	N		F	A	E	H	R	E
	N	O		P	I	T	Y		O	N	E

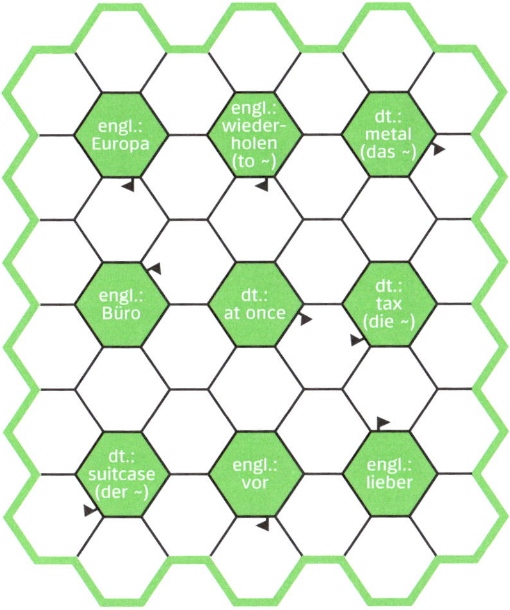

1 engl.: also
2 engl.: oder
3 engl.: rennen (to ~)
4 engl.: nicht
5 engl.: sagen (to ~)
6 engl.: Dame
7 engl.: deines
8 dt.: game (das ~)
9 dt.: litre (der ~)

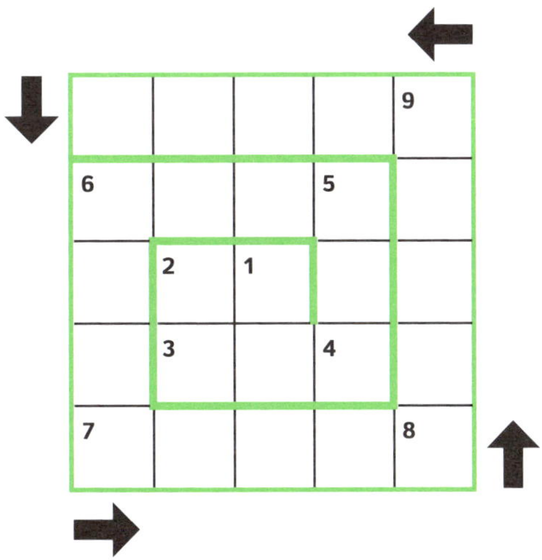

Lösung

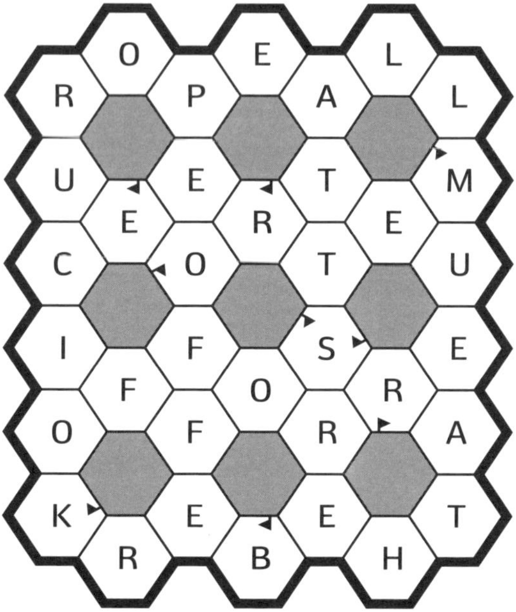

R	E	T	I	L
L	L	E	T	E
A	O	S	O	I
D	R	U	N	P
Y	O	U	R	S

1 engl.: Russisch

2 dt.: yesterday

3 dt.: play

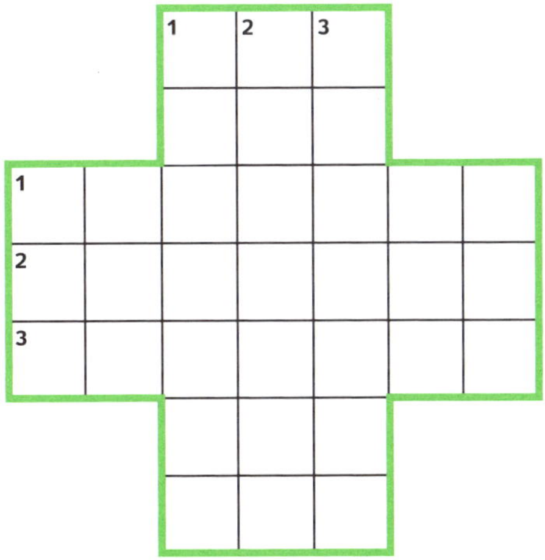

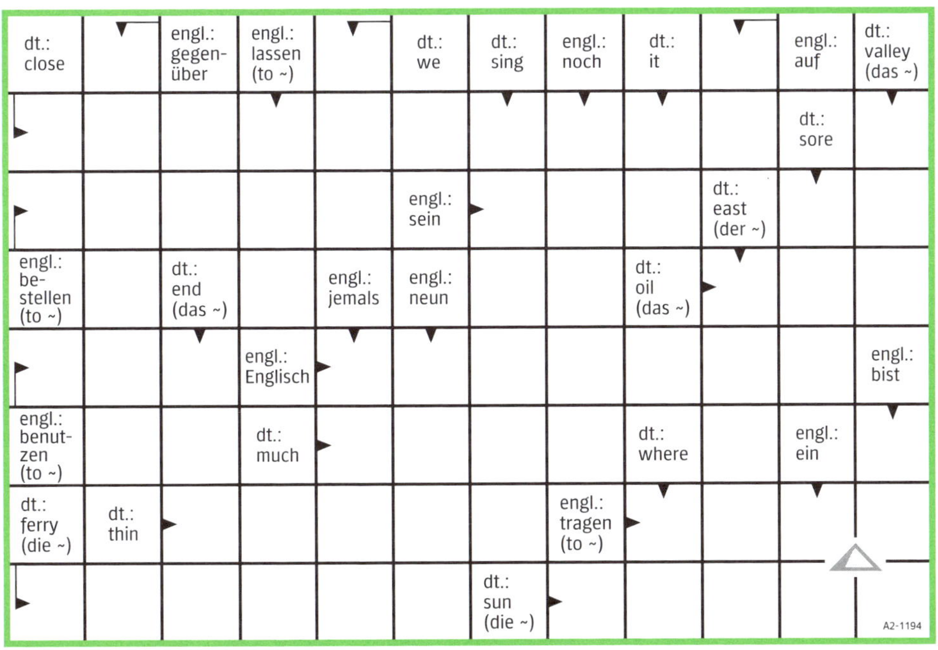

Lösung

		R	G	S		
		U	E	P		
R	U	S	S	I	A	N
G	E	S	T	E	R	N
S	P	I	E	L	E	N
		A	R	E		
		N	N	N		

	A			W					O		
S	C	H	L	I	E	S	S	E	N		T
O	R	D	E	R		I	T	S		W	A
	O		T			N	I		O	E	L
U	S	E		E	N	G	L	I	S	H	
	S	N		V	I	E	L		T		A
		D	U	E	N	N		W	E	A	R
F	A	E	H	R	E		S	O	N	N	E

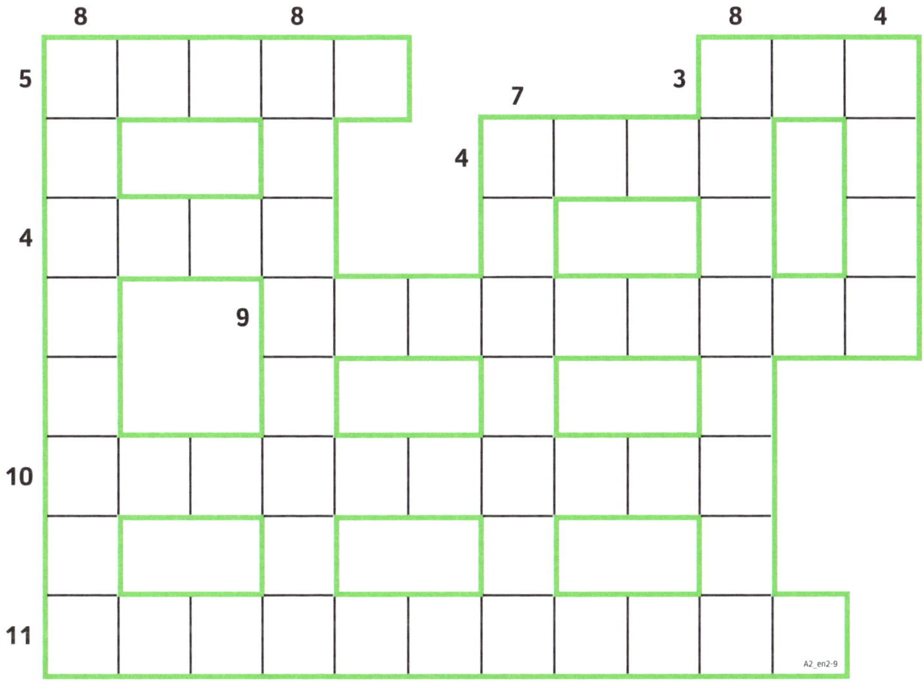

3 Buchstaben:
dt.: good

4 Buchstaben:
dt.: eight, engl.:
in Ordnung, engl.:
Kassette

5 Buchstaben:
engl.: anfangen
(to ~)

7 Buchstaben:
dt.: meat (das ~)

8 Buchstaben:
engl.: Angst haben
(2 W./to ~), dt.:
win, engl.: Internet

9 Buchstaben:
engl.: teuer

10 Buchstaben:
dt.: dinner (das ~)

11 Buchstaben:
dt.: Germany

Lösung

B	E	G	I	N					G	U	T
E			N			F	I	N	E		A
A	C	H	T			L			W		P
F			E	X	P	E	N	S	I	V	E
R			R			I			N		
A	B	E	N	D	E	S	S	E	N		
I			E			C			E		
D	E	U	T	S	C	H	L	A	N	D	

dt.: that		engl.: es		engl.: vor		engl.: sein	engl.: elf	engl.: brau-chen (to ~)	dt.: valley (das ~)		dt.: clock (die ~)
engl.: acht-zehnter											engl.: eng
				dt.: had		engl.: lernen (to ~)					
engl.: in		dt.: so	dt.: sorry		engl.: sich fühlen (to ~)					dt.: without	
engl.: Salat				2		engl.: zehn			engl.: oder		
engl.: besu-chen (to ~)	dt.: last					1		dt.: ear (das ~)			
					engl.: Ende				engl.: nein		
engl.: modern						A2-1111	engl.: kannte	3		4	

to | 1 | 2 | 3 | 4 | one's hat off to someone

Lösung

■	J	■	A	■	I	■	■	■	■	U	■
■	E	I	G	H	T	E	E	N	T	H	■
I	N	T	O	■	S	■	L	E	A	R	N
■	E	■	■	H	■	F	E	E	L	■	A
■	S	A	L	A	D	■	V	D	■	O	R
■	■	L	E	T	Z	T	E	■	O	H	R
V	I	S	I	T	■	E	N	D	■	N	O
■	M	O	D	E	R	N	■	K	N	E	W

to take one's hat off to someone
(vor jemandem den Hut ziehen)

1 engl.: zu
2 engl.: oder
3 engl.: rennen (to ~)
4 engl.: neu
5 engl.: Ehefrau
6 engl.: jemals
7 dt.: smoke (der ~)
8 dt.: have
9 engl.: neunter

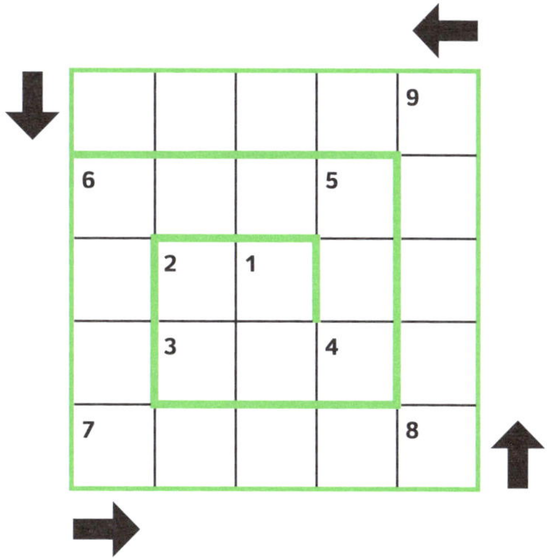

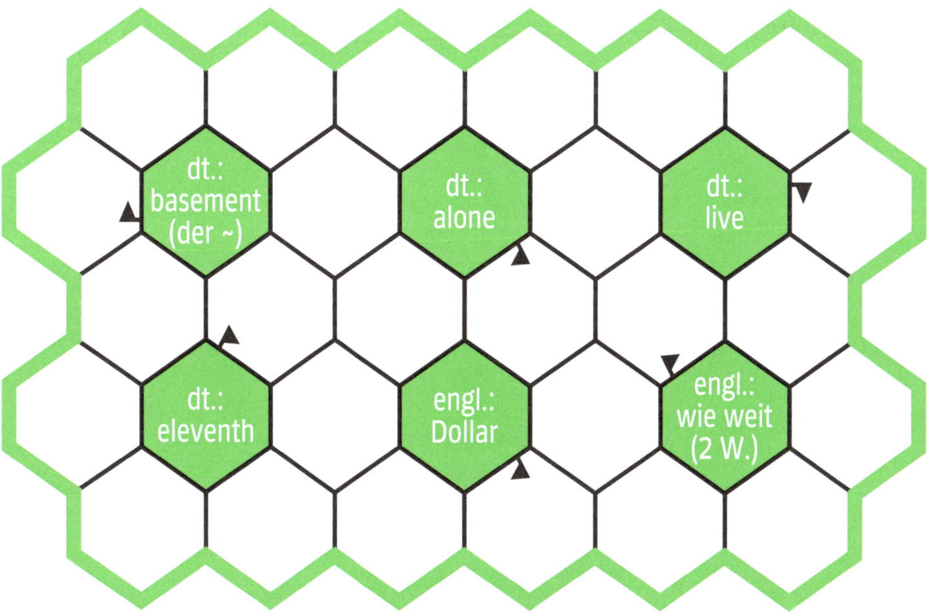

Lösung

H	T	N	I	N
E	F	I	W	E
V	O	T	E	B
E	R	U	N	A
R	A	U	C	H

Rätselspaß

1 engl.: Essen

2 dt.: without

3 engl.: einmal

4 engl.: tief

1	2	3	4
2			
3			
4			

dt.: eight		engl.: Unfall		dt.: storm	dt.: road (die ~)	engl.: über-queren (to ~)	engl.: ein		dt.: once	dt.: every-body	
				dt.: quick							
engl.: Land								engl.: krank			
dt.: or		engl.: Euro					engl.: in			dt.: picture (das ~)	
				engl.: fragen (to ~)				engl.: Weg			engl.: auch
dt.: different		engl.: ver-passen (to ~)					engl.: warten (to ~)				
						dt.: hello					
engl.: zehn				engl.: leicht					engl.: machen (to ~)		A2-1175

Lösung

F	O	O	D
O	H	N	E
O	N	C	E
D	E	E	P

	A		S					A			A
A	C	H	T		S	C	H	N	E	L	L
	C	O	U	N	T	R	Y		I	L	L
	I		E	U	R	O		I	N		E
O	D	E	R		A	S	K		M	B	
	E		M	I	S	S		W	A	I	T
A	N	D	E	R	S		H	A	L	L	O
	T	E	N		E	A	S	Y		D	O

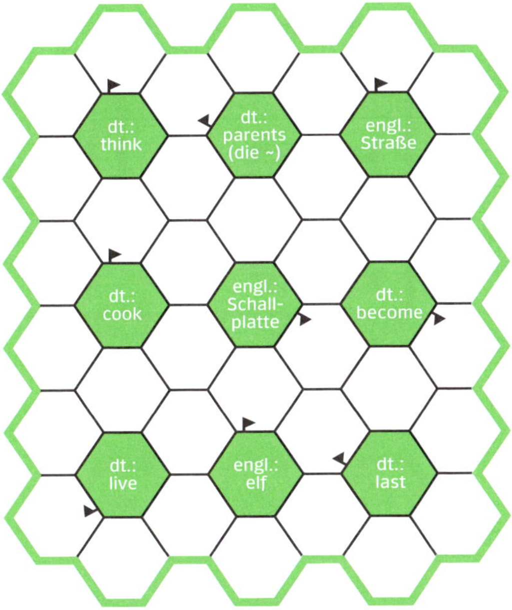

1 engl.: gehen (to ~)
2 engl.: oder
3 engl.: rot
4 engl.: Tag
5 engl.: Hof
6 dt.: then
7 engl.: nie
8 engl.: Fluss
9 dt.: rich

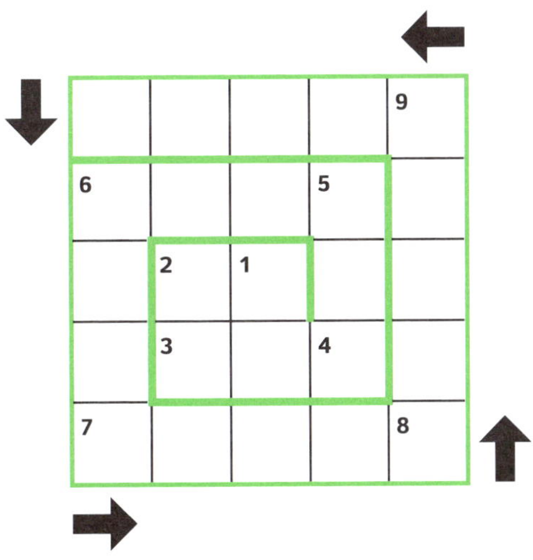

Lösung

H	C	I	E	R
D	R	A	Y	E
A	O	G	A	V
N	R	E	D	I
N	E	V	E	R

1 dt.: leg (das ~)

2 dt.: end (das ~)

3 engl.: Idee

4 engl.: in der Nähe

1	2	3	4
2			
3			
4			

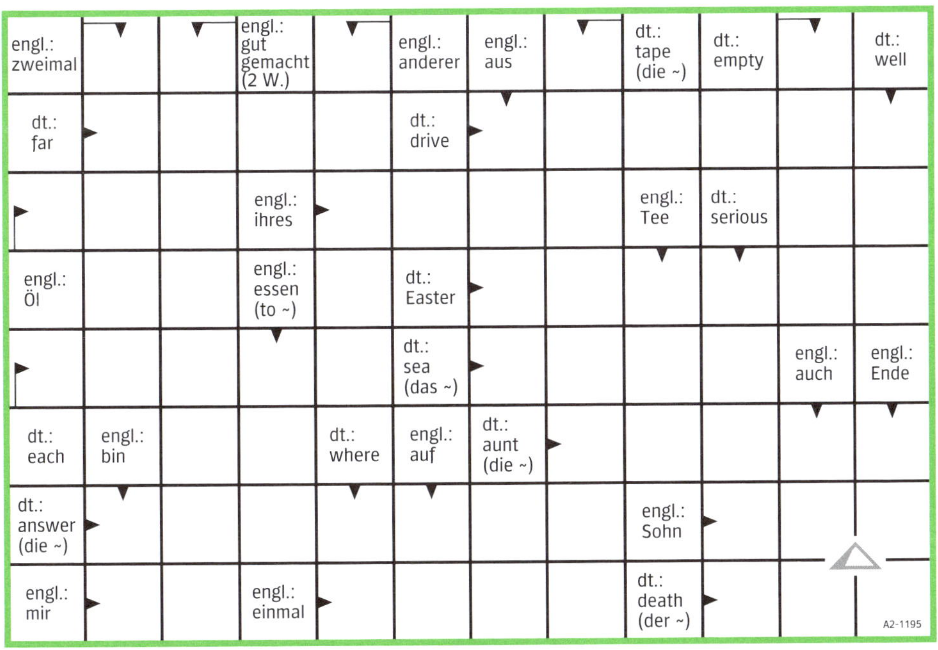

Lösung

B	E	I	N
E	N	D	E
I	D	E	A
N	E	A	R

■	T	W	■	O	■	■	K	■	■	L	■
■	W	E	I	T	■	F	A	H	R	E	N
O	I	L	■	H	E	R	S	■	■	E	U
■	C	L	■	E	■	O	S	T	E	R	N
J	E	D	E	R	■	M	E	E	R	■	■
■	■	O	A	■	■	■	T	A	N	T	E
■	A	N	T	W	O	R	T	■	S	O	N
■	M	E	■	O	N	C	E	■	T	O	D

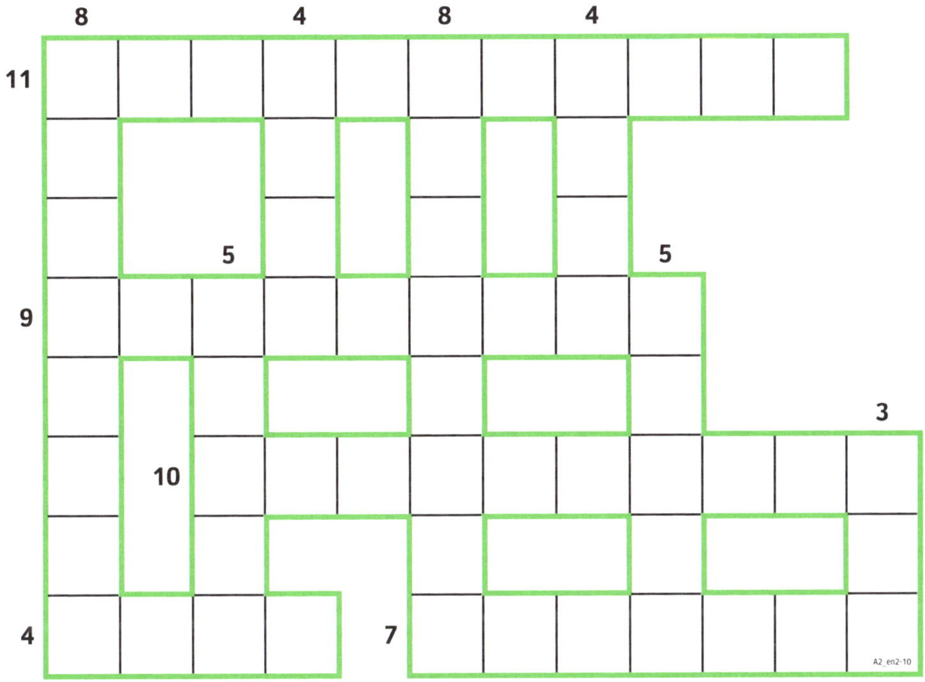

3 Buchstaben:
dt.: narrow

4 Buchstaben:
engl.: Dreck, engl.: Hälfte, dt.: throat (der ~)

5 Buchstaben:
engl.: E-Mail, dt.: above

7 Buchstaben:
dt.: along

8 Buchstaben:
engl.: irgendwo, dt.: while

9 Buchstaben:
engl.: Hausfrau

10 Buchstaben:
dt.: stamp (die ~)

11 Buchstaben:
dt.: Christmas

W	E	I	H	N	A	C	H	T	E	N	
A			A		N		A				
E			L		Y		L				
H	O	U	S	E	W	I	F	E			
R		E			H			M			
E		B	R	I	E	F	M	A	R	K	E
N		E			R			I			N
D	I	R	T		E	N	T	L	A	N	G

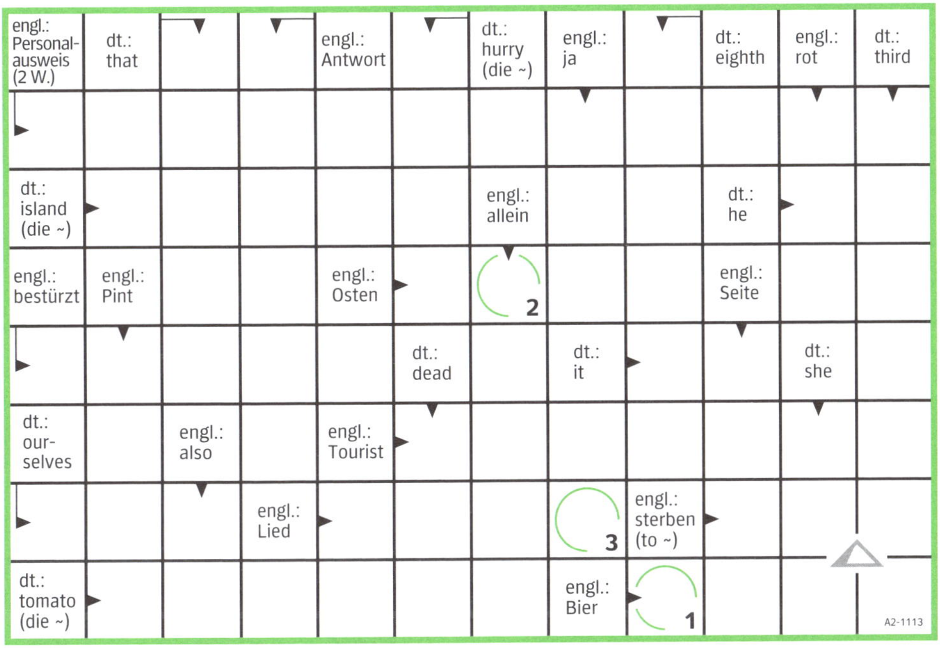

to let the cat out of the

1	2	3

Lösung

		J	A		E			A			
I	D	E	N	T	I	T	Y	C	A	R	D
	I	N	S	E	L		E	H		E	R
		E	W		E	A	S	T		D	I
U	P	S	E	T		L		E	S		T
	I		R		T	O	U	R	I	S	T
U	N	S		S	O	N	G		D	I	E
	T	O	M	A	T	E		B	E	E	R

to let the cat out of the bag
(die Katze aus dem Sack lassen)

1 engl.: machen (to ~)
2 engl.: von
3 engl.: Nebel
4 engl.: bekommen (to ~)
5 engl.: Reifen
6 engl.: jeder
7 engl.: Haus
8 engl.: früh
9 engl.: jung

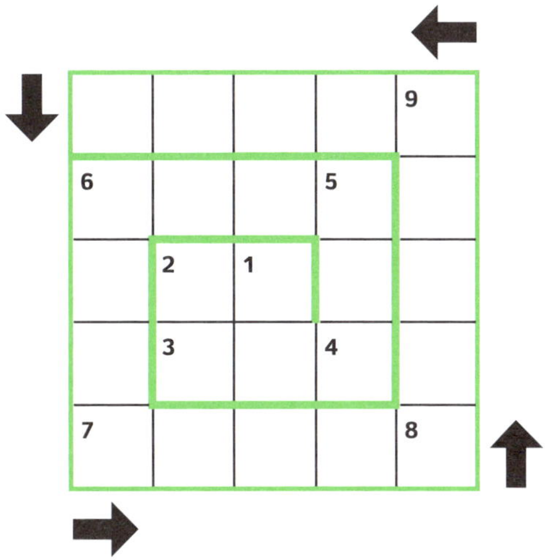

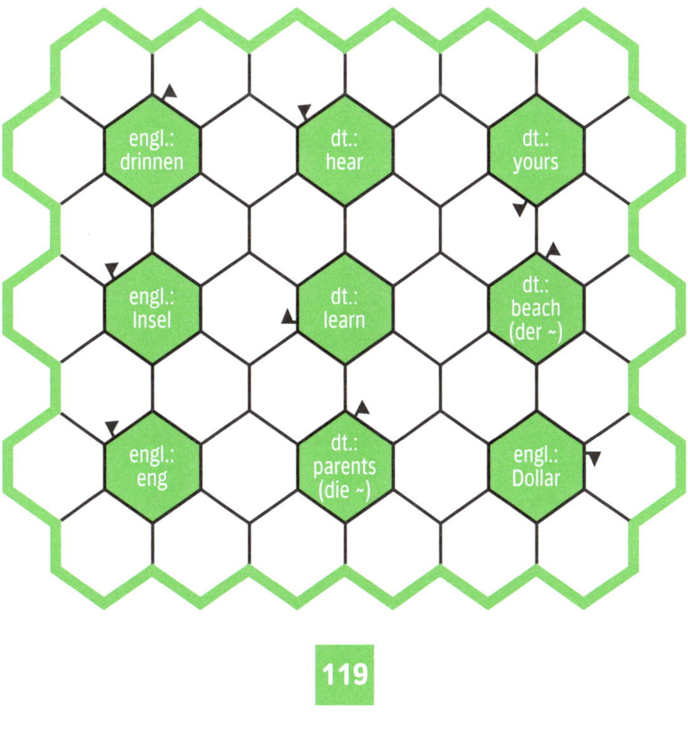

G	N	U	O	Y
E	R	Y	T	L
A	O	D	E	R
C	F	O	G	A
H	O	U	S	E

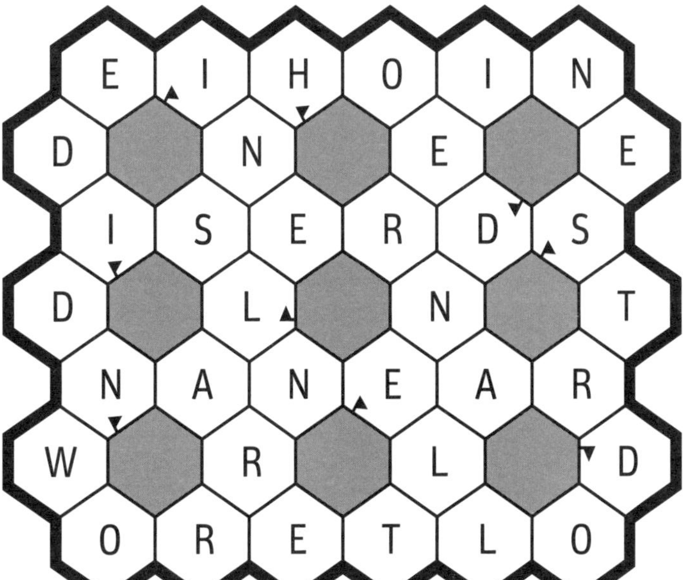

1 engl.: Lift

2 engl.: Idee

3 engl.: sich fühlen (to ~)

4 engl.: groß

1	2	3	4
2			
3			
4			

dt.: free	engl.: normal	engl.: neunzehn		engl.: wann		dt.: eat		dt.: yes	engl.: Theater		engl.: dreizehn
				engl.: gesund							
dt.: a				dt.: it			engl.: dieser				
engl.: ziemlich		dt.: serious						dt.: he			engl.: Osten
					engl.: benutzen (to ~)		engl.: Datum				
engl.: liegen (to ~)				dt.: and				engl.: Tee			
dt.: bring		dt.: ice (das ~)				dt.: hers					
							engl.: Cent				A2-1176

Lösung

L	I	F	T
I	D	E	A
F	E	E	L
T	A	L	L

			N		W		J			T	
F	R	E	I		H	E	A	L	T	H	Y
	E	I	N		E	S		T	H	I	S
	G		E	R	N	S	T		E	R	
Q	U	I	T	E		E		D	A	T	E
	L	I	E		U	N	D		T	E	A
	A		E	I	S		I	H	R	E	S
B	R	I	N	G	E	N		C	E	N	T

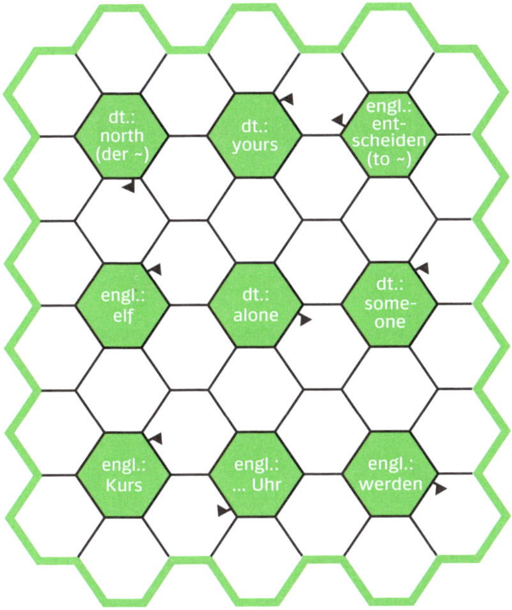

1 engl.: Freitag
2 engl.: gelb
3 dt.: west (der ~)
4 engl.: Lärm
5 engl.: genießen (to ~)
6 engl.: Jahr
7 engl.: lesen (to ~)
8 engl.: Hund
9 engl.: Gas
10 engl.: also
11 engl.: oder

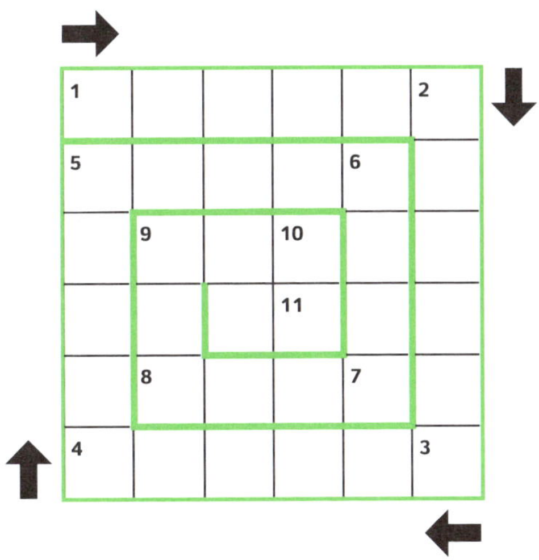

F	R	I	D	A	Y
E	N	J	O	Y	E
S	G	A	S	E	L
I	O	R	O	A	L
O	D	A	E	R	O
N	E	T	S	E	W

1 engl.: weitermachen (2 W./to ~)

2 dt.: without

3 engl.: einmal

4 engl.: brauchen (to ~)

1	2	3	4
2			
3			
4			

engl.: weg	engl.: Wasser	dt.: poor		dt.: type (der ~)	dt.: corner (die ~)		engl.: Kartoffel			engl.: geboren	dt.: he
				engl.: und	engl.: wählen (to ~)						
							engl.: Meter			dt.: these	
engl.: Parkplatz (2 W.)			dt.: no one								dt.: free
dt.: bread (das ~)		dt.: ear (das ~)	dt.: dead		dt.: often	engl.: Auto			engl.: wenn		
				engl.: Oktober							
dt.: hard	engl.: wie weit (2 W.)							engl.: benutzen (to ~)			
				engl.: Baum					dt.: egg (das ~)		A2-1196

Lösung

G	O	O	N
O	H	N	E
O	N	C	E
N	E	E	D

			T			E		P	B		
A	W	A	Y			C	H	O	O	S	E
C	A	R	P	A	R	K		T	R		R
	T	M		N	I	E	M	A	N	D	
	E			D			E	T		I	F
B	R	O	T		O	C	T	O	B	E	R
		H	O	W	F	A	R		U	S	E
H	A	R	T		T	R	E	E		E	I

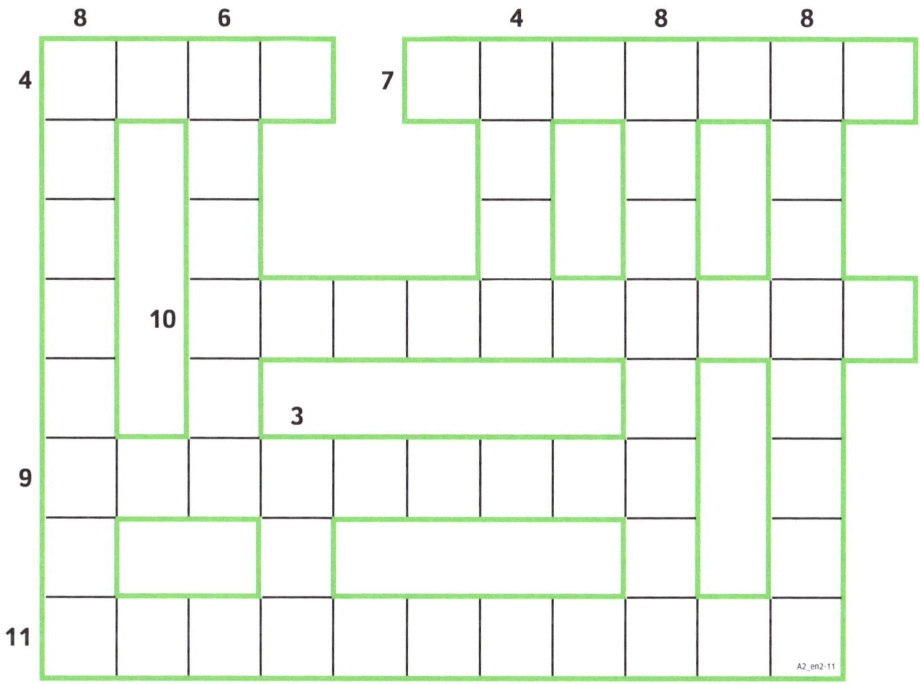

3 Buchstaben:
dt.: a

4 Buchstaben:
engl.: Bad, engl.: bis

6 Buchstaben:
engl.: reisen (to ~)

7 Buchstaben:
dt.: street (die ~)

8 Buchstaben:
engl.: Unfall, dt.: mean, dt.: sixth

9 Buchstaben:
engl.: Telefon

10 Buchstaben:
dt.: perhaps

11 Buchstaben:
dt.: nineteenth

Lösung

B	A	T	H		S	T	R	A	S	S	E
E		R				I		C		E	
D		A				L		C		C	
E		V	I	E	L	L	E	I	C	H	T
U		E						D		S	
T	E	L	E	P	H	O	N	E		T	
E			I					N		E	
N	E	U	N	Z	E	H	N	T	E	R	

Rätselspaß

dt.: sixteen			engl.: Baum	engl.: ein bisschen (2 W.)	dt.: he		dt.: door (die ~)		dt.: metre (der ~)	engl.: wenn	dt.: no one
				2							1
dt.: shop assistant (die ~)			dt.: wide						dt.: had		
engl.: er			engl.: Idee		dt.: juice (der ~)		engl.: steigen (2 W. to ~)			dt.: sea (das ~)	
engl.: lesen (to ~)		engl.: sein	3			dt.: gram (das ~)					
				engl.: vor				engl.: Tee			
				engl.: Grippe		4		engl.: zehn			
engl.: Schuh		engl.: Kunst				dt.: horse (das ~)					A2-1118

to hit the | 1 | 2 | 3 | 4 | on the head

Lösung

■	S	T	■	■	■	T	■	M	■	■	■
V	E	R	K	A	E	U	F	E	R	I	N
■	C	E	■	B	R	E	I	T	■	F	I
■	H	E	■	I	■	R	■	E	H	■	E
■	Z	■	I	T	S	■	G	R	A	M	M
R	E	A	D	■	A	G	O	■	T	E	A
S	H	O	E	■	F	L	U	■	T	E	N
■	N	■	A	R	T	■	P	F	E	R	D

to hit the nail on the head
(den Nagel auf den Kopf treffen)

1 engl.: neben (2 W.)
2 engl.: Büro
3 engl.: Europa
4 dt.: something
5 engl.: Spanien
6 engl.: nächster
7 engl.: reden (to ~)
8 engl.: Schlüssel
9 engl.: du
10 engl.: uns
11 engl.: so

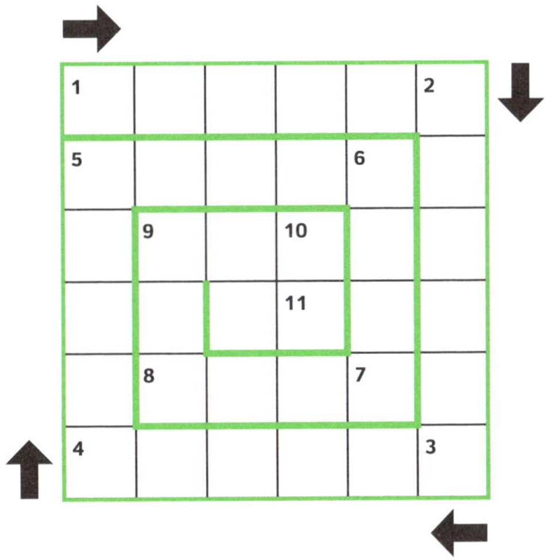

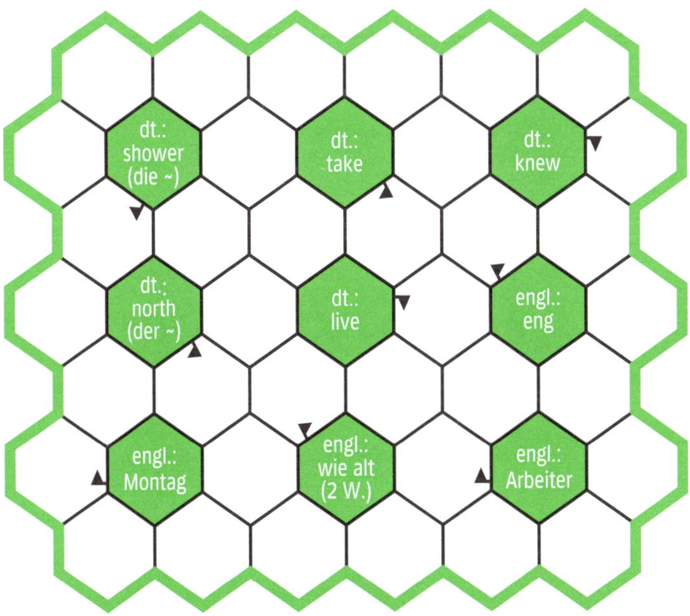

Lösung

N	E	X	T	T	O
S	P	A	I	N	F
A	Y	O	U	E	F
W	E	O	S	X	I
T	K	L	A	T	C
E	P	O	R	U	E

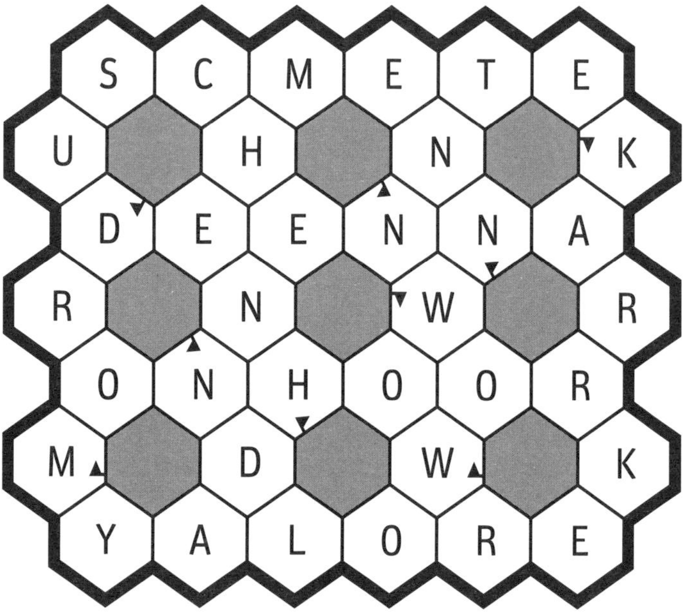

1 engl.: keine

2 dt.: top

3 engl.: brauchen (to ~)

4 dt.: end (das ~)

1	2	3	4
2			
3			
4			

dt.: used to			engl.: genießen (to ~)	dt.: hello			dt.: oil (das ~)	engl.: also	dt.: without		dt.: theatre (das ~)
dt.: disap-pointed											
engl.: Essen			engl.: alle				dt.: photo (das ~)		engl.: Ge-schäft		
				engl.: schneien (to ~)		engl.: Gesicht		engl.: sehen (to ~)			
			dt.: at once							engl.: USA	
engl.: warum		engl.: in			engl.: an			engl.: aus			
			engl.: natürlich (2 W.)								
engl.: sein	dt.: like (2 W.)						engl.: in der Nähe				A2-1177

Lösung

N	O	N	E
O	B	E	N
N	E	E	D
E	N	D	E

	G	E			H	O				O	
	E	N	T	T	A	E	U	S	C	H	T
	W	J		A	L	L		O		N	H
F	O	O	D		L		F		S	E	E
W	H	Y		S	O	F	O	R	T		A
	N		I	N		A	T		O	U	T
I	T	S		O	F	C	O	U	R	S	E
		S	O	W	I	E		N	E	A	R

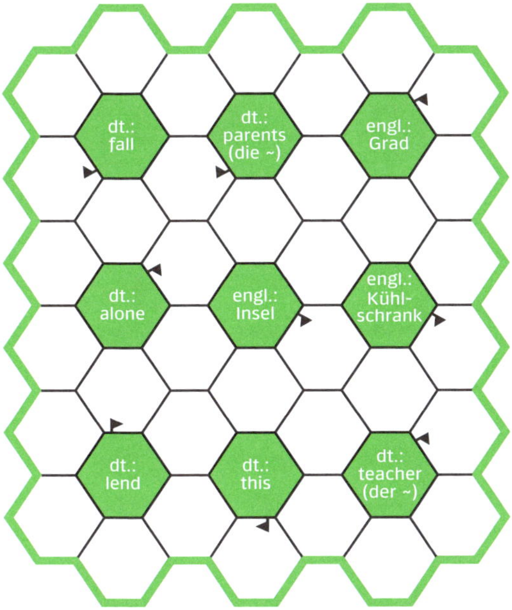

1 engl.: Straße
2 engl.: ihre
3 dt.: south (der ~)
4 engl.: neunter
5 engl.: hallo
6 engl.: offen
7 engl.: Nase
8 engl.: Ei
9 engl.: bekommen (to ~)
10 engl.: zu
11 engl.: auf

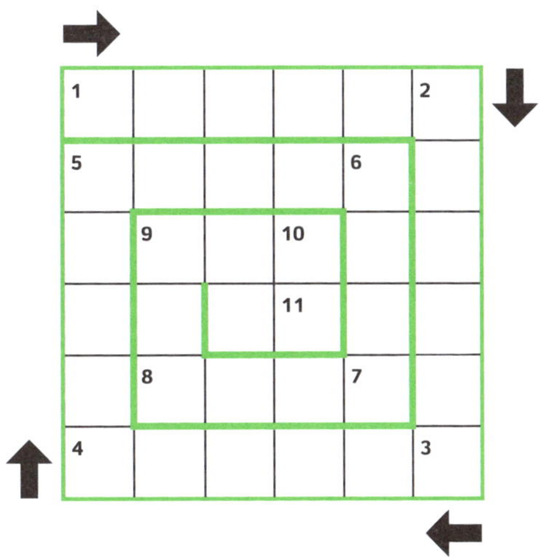

Lösung

S	T	R	E	E	T
H	E	L	L	O	H
T	G	E	T	P	E
N	G	N	O	E	I
I	E	S	O	N	R
N	E	D	E	U	S

1 dt.: its

2 dt.: end (das ~)

3 engl.: Idee

4 engl.: in der Nähe

1	2	3	4
2			
3			
4			

engl.: normalerweise	dt.: play		engl.: drehen (to ~)	dt.: plan (der ~)			engl.: mein		dt.: wine (der ~)	engl.: ein	engl.: Nachricht
							engl.: beide		engl.: Grund		
dt.: super						dt.: pear (die ~)					
engl.: in			engl.: Fernseher	engl.: niemand (2 W.)						engl.: leihen (to ~)	
engl.: elfter		engl.: Ohr		dt.: eleven	dt.: never	engl.: zehn		dt.: as			
								engl.: Meer			
dt.: ring			engl.: liegen (to ~)				engl.: Lied				
							dt.: end (das ~)				A2-1197

Lösung

S	E	I	N
E	N	D	E
I	D	E	A
N	E	A	R

		T			P	M		W			
U	S	U	A	L	L	Y		E		A	M
	P	R	I	M	A		B	I	R	N	E
	I	N			N	O	O	N	E		S
	E		T				T		A	L	S
E	L	E	V	E	N	T	H		S	E	A
	E	A		L	I	E		S	O	N	G
A	N	R	U	F	E	N		E	N	D	E

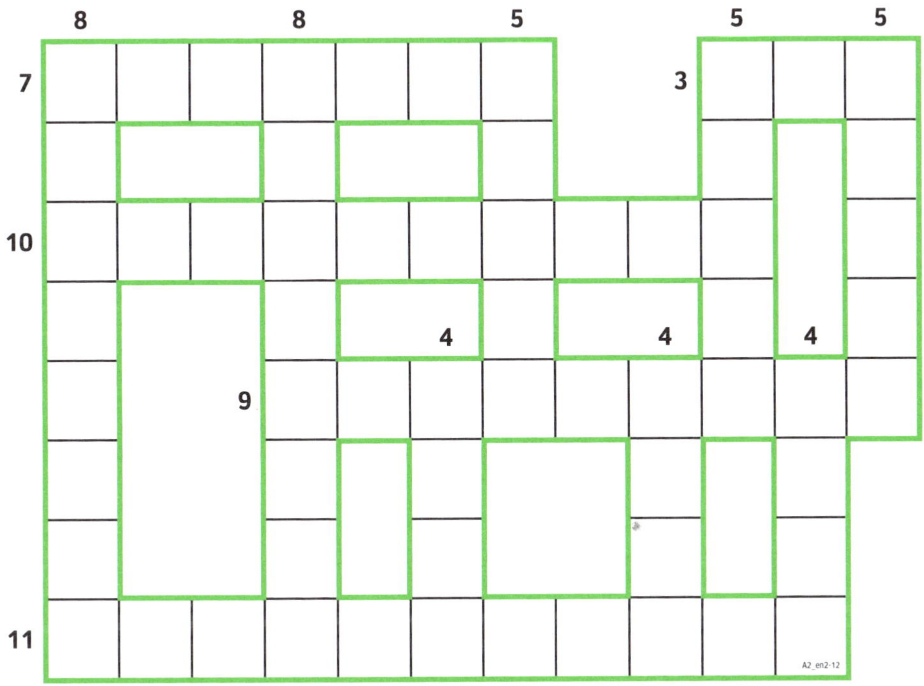

3 Buchstaben:
engl.: rennen (to ~)

4 Buchstaben:
dt.: car (das ~), dt.: glass (das ~), dt.: wet

5 Buchstaben:
dt.: not, dt.: talk, dt.: cup (die ~)

7 Buchstaben:
engl.: Student

8 Buchstaben:
dt.: thirty, engl.: Koffer

9 Buchstaben:
dt.: so-called

10 Buchstaben:
engl.: interessiert

11 Buchstaben:
dt.: ground floor (das ~)

Lösung

S	T	U	D	E	N	T			R	U	N
U			R			A			E		I
I	N	T	E	R	E	S	T	E	D		C
T			I			S			E		H
C			S	O	G	E	N	A	N	N	T
A			S		L			U		A	
S			I		A			T		S	
E	R	D	G	E	S	C	H	O	S	S	

engl.: toll	engl.: normal	dt.: hard			engl.: stand		engl.: Jahr		engl.: natürlich (2 W.)	dt.: poor	dt.: tea (der ~)
	3				engl.: drücken (to ~)		engl.: Wohnung			2	
dt.: Europe							engl.: s. kümmern (to ~)				
dt.: train (der ~)		engl.: Rundfahrt					engl.: singen (to ~)		engl.: mir		
			engl.: Ende			engl.: Sonne				engl.: Grippe	dt.: away
dt.: cream (die ~)		engl.: er		engl.: Haar					engl.: ein		
					engl.: im Angebot (2 W.)			4			1
dt.: talk						dt.: enough					A2-1120

to be all

1	2	3	4

Lösung

			H	S		Y		O			
G	R	E	A	T		E		F	L	A	T
	E	U	R	O	P	A		C	A	R	E
	G		T	O	U	R		O		M	E
Z	U	G		D	S		S	U	N		
	L		E		H	A	I	R		F	W
S	A	H	N	E		O	N	S	A	L	E
	R	E	D	E	N		G	E	N	U	G

to be all ears
(ganz Ohr sein)

1 dt.: necessary
2 engl.: Deutsch
3 dt.: regular
4 engl.: glücklich
5 engl.: jung
6 engl.: gut
7 dt.: stupid
8 dt.: me
9 engl.: rot
10 engl.: machen (to ~)
11 engl.: von

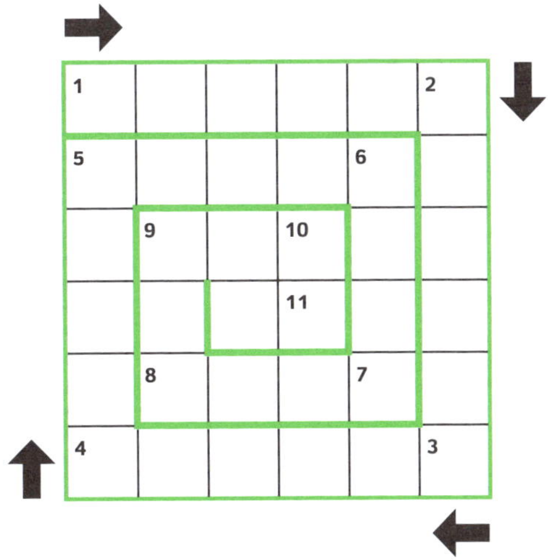

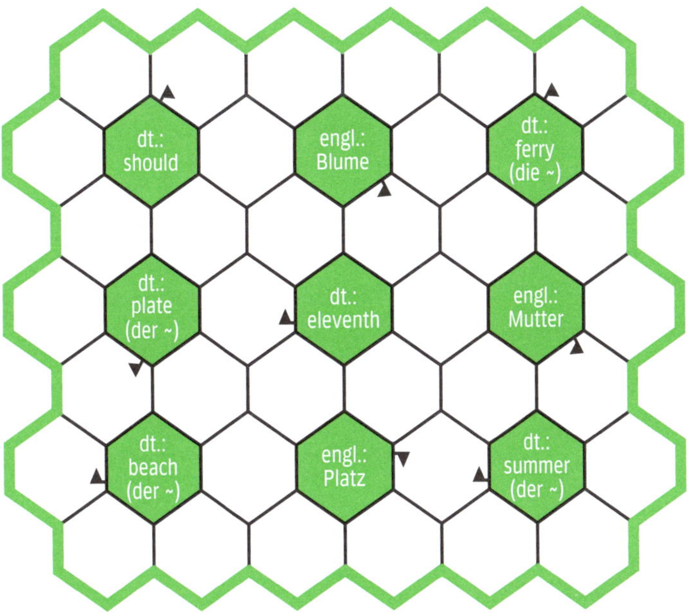

Lösung

N	O	E	T	I	G
Y	O	U	N	G	E
K	R	E	D	O	R
C	I	F	O	O	M
U	M	M	U	D	A
L	A	M	R	O	N

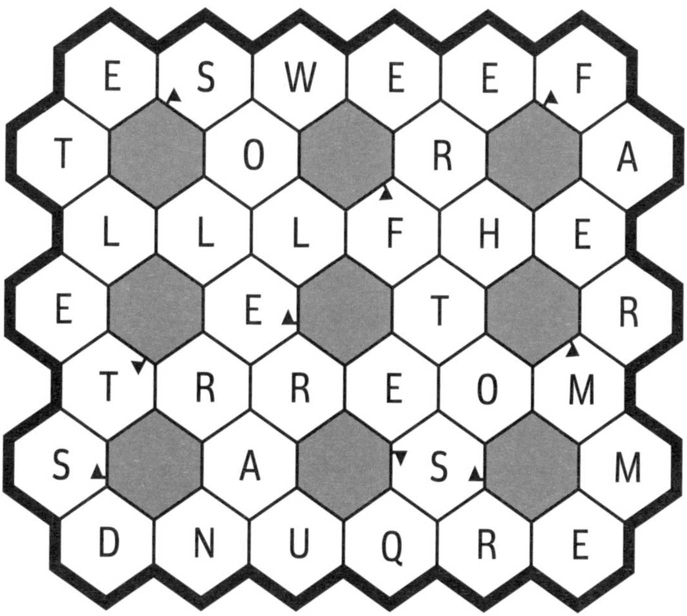

1 engl.: Ausstellung

2 engl.: hoffen (to ~)

3 engl.: offen

4 dt.: if

1	2	3	4
2			
3			
4			

dt.: news (die ~)	dt.: poor	engl.: Zentrum	engl.: er		engl.: oder	engl.: Schuh			dt.: hour (die ~)		dt.: narrow
											dt.: know
				dt.: tired	dt.: east (der ~)	engl.: mir			engl.: Tisch		
engl.: frei			engl.: Moment							dt.: no	
engl.: Markt	engl.: Luft		engl.: benutzen (to ~)				dt.: then				
						dt.: next to					
			engl.: tief					engl.: liegen (to ~)			
dt.: never		engl.: leihen (to ~)					dt.: if				A2-1178

Lösung

S	H	O	W
H	O	P	E
O	P	E	N
W	E	N	N

■	■	■	■	O	■	■	S	S	■	E	■
N	A	C	H	R	I	C	H	T	E	N	■
F	R	E	E	■	■	■	O	U	■	G	K
■	M	N	■	M	O	M	E	N	T	■	E
■	■	T	■	U	S	E	■	D	A	N	N
M	A	R	K	E	T	■	N	E	B	E	N
N	I	E	■	D	E	E	P	■	L	I	E
■	R	■	L	E	N	D	■	W	E	N	N

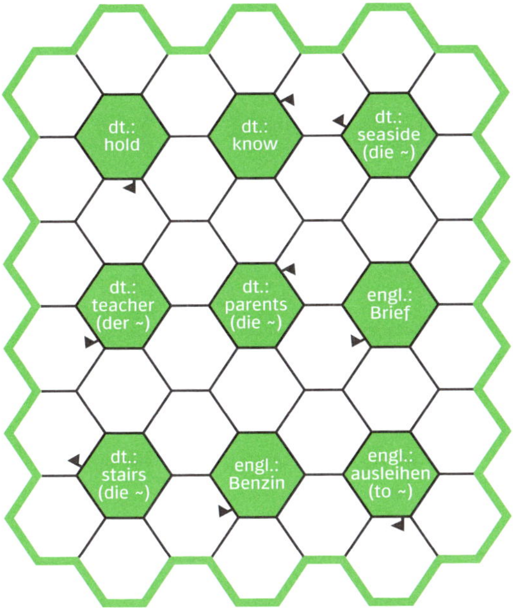

1 engl.: Käse
2 dt.: once
3 dt.: funny
4 dt.: enough
5 dt.: gram (das ~)
6 dt.: man (der ~)
7 dt.: past
8 engl.: ihm
9 dt.: May
10 engl.: in
11 engl.: nein

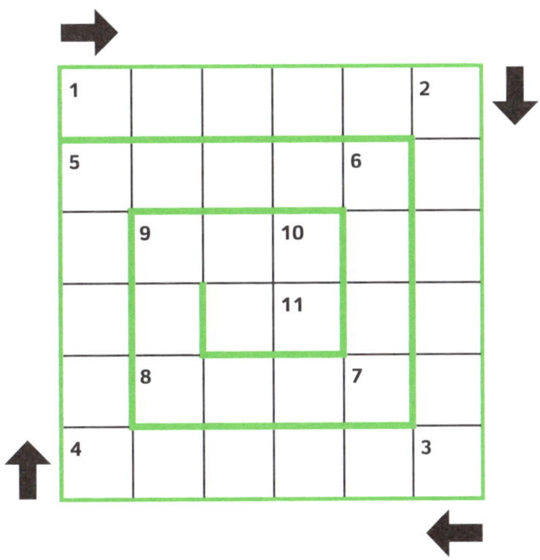

Lösung

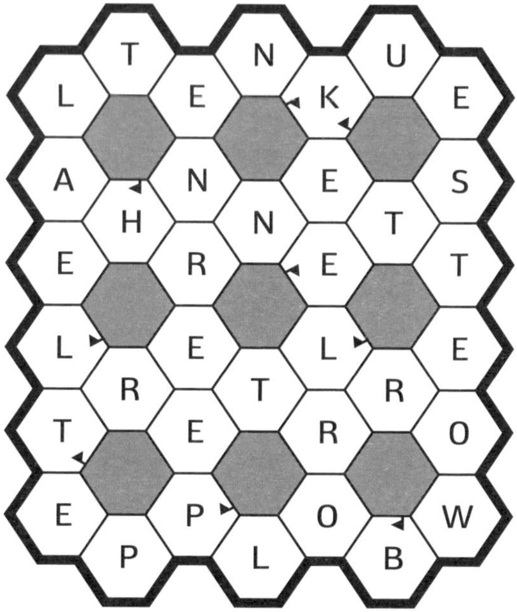

C	H	E	E	S	E
G	R	A	M	M	I
U	M	A	I	A	N
N	I	O	N	N	M
E	H	C	A	N	A
G	I	T	S	U	L

1 engl.: tot

2 dt.: hurry (die ~)

3 dt.: everybody

4 engl.: tief

1	2	3	4
2			
3			
4			

dt.: how much (2 W.)		dt.: down	dt.: first name (der ~)	dt.: ten			engl.: Wohnung	dt.: mine		dt.: a	engl.: Schlüssel
							engl.: Milch				
				dt.: port (der ~)						dt.: metre (der ~)	
engl.: in		engl.: Miete					engl.: über		engl.: mein		
engl.: neun					engl.: sitzen (to ~)	engl.: einmal					engl.: ihm
engl.: Tee				engl.: siebter							
dt.: worker (der ~)		dt.: may				dt.: he			dt.: egg (das ~)		
								dt.: poor			A2-1198

Lösung

D	E	A	D
E	I	L	E
A	L	L	E
D	E	E	P

	H				Z	F			E		
W	I	E	V	I	E	L		M	I	L	K
I	N	T	O		H	A	F	E	N		E
	U		R	E	N	T		I		M	Y
	N	I	N	E			O	N	C	E	
	T	E	A		S	E	V	E	N	T	H
	E		M	A	I		E	R		E	I
A	R	B	E	I	T	E	R		A	R	M

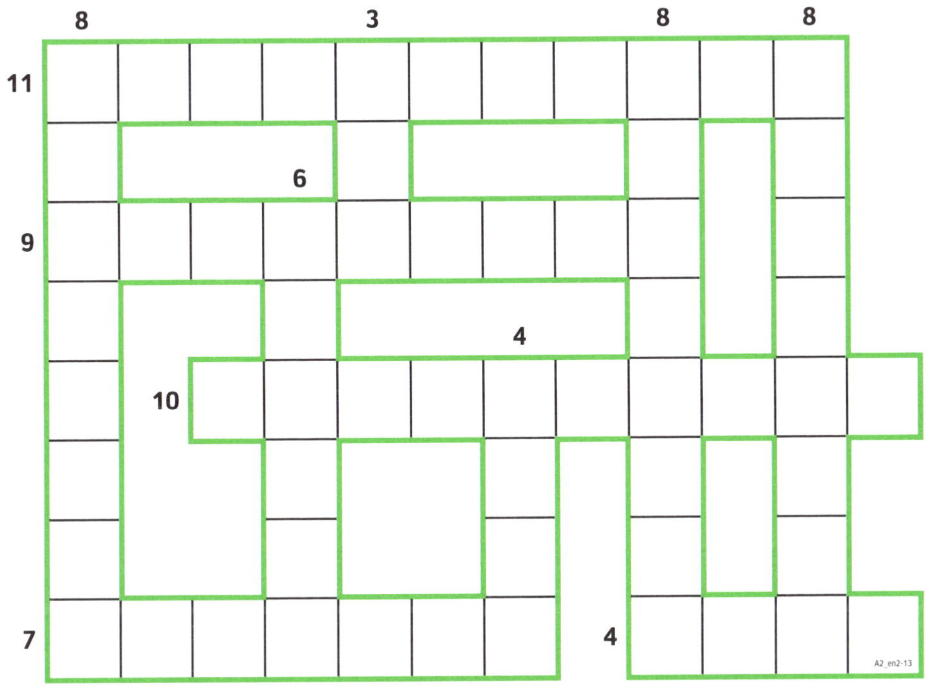

3 Buchstaben:
engl.: Eis

4 Buchstaben:
engl.: jeder, engl.: Miete

6 Buchstaben:
dt.: normal

7 Buchstaben:
engl.: Englisch

8 Buchstaben:
engl.: Kopfschmerzen, dt.: down, dt.: up (2 W.)

9 Buchstaben:
dt.: record

10 Buchstaben:
engl.: Gewerkschaft (2 W.)

11 Buchstaben:
dt.: go into

Lösung

H	I	N	E	I	N	G	E	H	E	N	
E				C				I		A	
A	U	F	N	E	H	M	E	N		C	
D			O					U		H	
A		T	R	A	D	E	U	N	I	O	N
C			M			A		T		B	
H			A			C		E		E	
E	N	G	L	I	S	H		R	E	N	T

engl.: geradeaus		dt.: egg (das ~)	7	dt.: cat (die ~)	dt.: you		engl.: Meer	engl.: Lied	engl.: du		engl.: Eltern
engl.: Tee		2		engl.: Bushaltestelle (2 W.)							1
					dt.: pen (der ~)	engl.: zehnter		5	engl.: Datum		
engl.: schreiben (to ~)		dt.: state (der ~)					3			engl.: Speisekarte	
engl.: Eis		6		dt.: never			engl.: Spiel				
			engl.: neun					engl.: zehn			
engl.: Ei		engl.: Lift					engl.: Cent	4			
engl.: zusammen									engl.: uns		A2-1126

to be as proud as a

1	2	3	4	5	6	7

Lösung

	S		K			D				Y	
	T	E	A		B	U	S	S	T	O	P
W	R	I	T	E			E	O		U	A
	A		Z	U	S	T	A	N	D		R
	I	C	E		T	E		G	A	M	E
E	G	G		N	I	N	E		T	E	N
	H		L	I	F	T		C	E	N	T
	T	O	G	E	T	H	E	R		U	S

to be as proud as a peacock
(eitel wie ein Pfau sein)

1 dt.: cost
2 dt.: number (die ~)
3 engl.: wirklich
4 engl.: deines
5 dt.: six
6 engl.: zumachen (to ~)
7 engl.: groß
8 engl.: Bein
9 engl.: Gas
10 engl.: so
11 engl.: oder

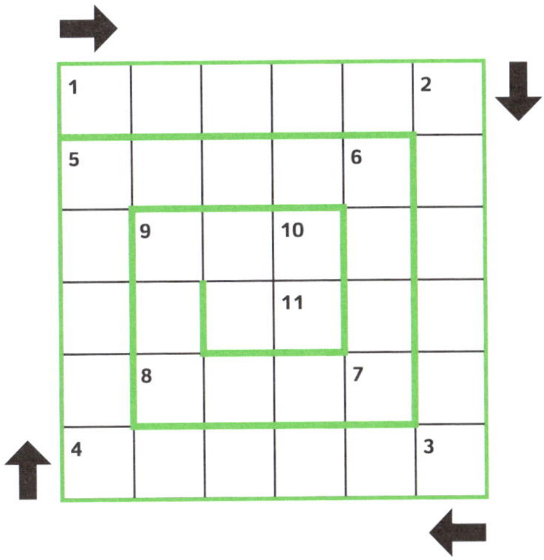

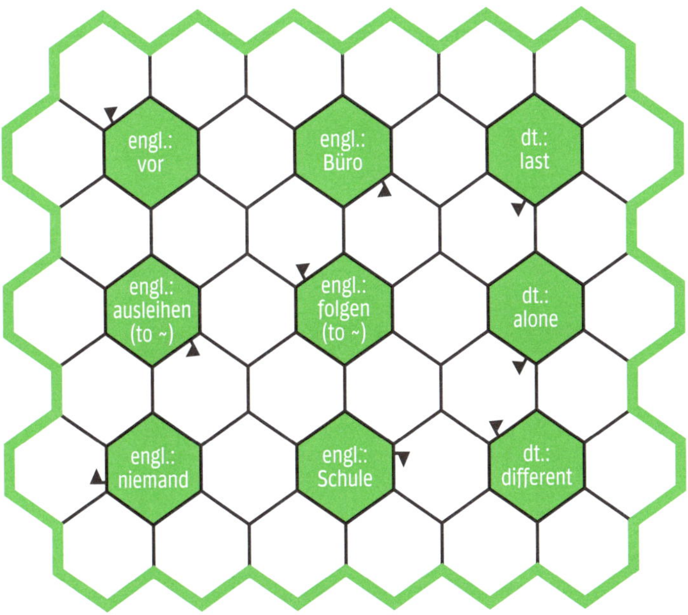

K	O	S	T	E	N
S	E	C	H	S	U
R	G	A	S	H	M
U	E	R	O	U	M
O	L	L	A	T	E
Y	L	L	A	E	R

1 dt.: piece (das ~)

2 dt.: shower (die ~)

3 engl.: zweiter

4 dt.: snow (der ~)

	1	2	3	4	
1					
2					
3					
4					

dt.: jam (die ~)		engl.: Kellner	dt.: new		dt.: family (die ~)		dt.: thick		dt.: kind	dt.: theirs	dt.: tea (der ~)
									engl.: es		
engl.: in			engl.: anziehen (2 W. to ~)		dt.: by				engl.: er		
dt.: enough		engl.: Nase		engl.: Bild							
					engl.: groß			engl.: zwei	engl.: essen (to ~)		dt.: clock (die ~)
				dt.: please						engl.: also	
dt.: bread (das ~)	dt.: like (2 W.)						engl.: waschen (to ~)				
dt.: little						engl.: Motor					A2-1179

Lösung

	S	D	S	S	
S	T	U	E	C	K
D	U	S	C	H	E
S	E	C	O	N	D
S	C	H	N	E	E
	K	E	D	E	

■	W	■	■	N	■	F	■	N	■	■	■
M	A	R	M	E	L	A	D	E	■	I	T
■	I	N	■	U	■	M	I	T	■	H	E
■	T	■	P	■	P	I	C	T	U	R	E
G	E	N	U	G	■	L	H	■	■	E	■
B	R	O	T	■	B	I	T	T	E	■	U
■	■	S	O	W	I	E	■	W	A	S	H
■	W	E	N	I	G	■	M	O	T	O	R

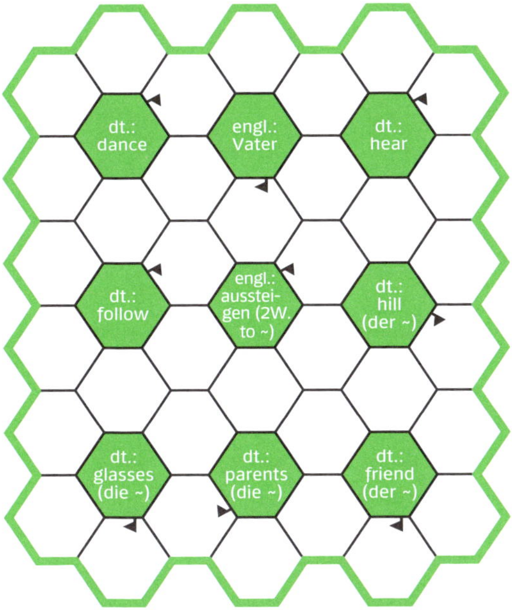

1 dt.: class (die ~)
2 engl.: achtzig
3 engl.: gelb
4 engl.: welcher
5 engl.: Herz
6 engl.: Taxi
7 dt.: idea (die ~)
8 engl.: essen (to ~)
9 dt.: dead
10 engl.: zu
11 engl.: von

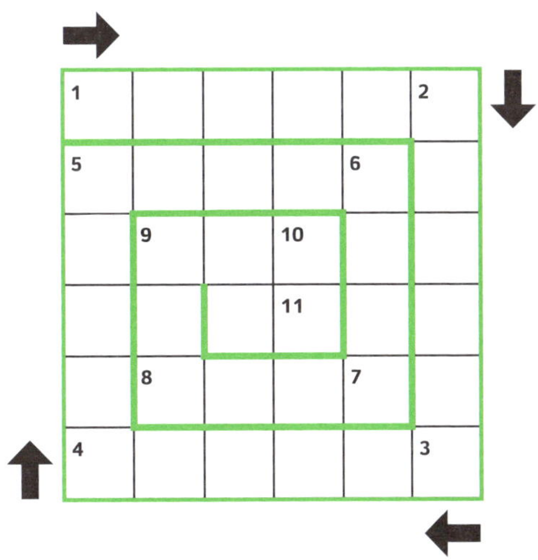

Lösung

K	L	A	S	S	E
H	E	A	R	T	I
C	T	O	T	A	G
I	A	F	O	X	H
H	E	E	D	I	T
W	O	L	L	E	Y

1 dt.: mistake (der ~)

2 engl.: wählen (to ~)

3 engl.: Bluse

4 dt.: knife (das ~)

	1	2	3	4	
1					
2					
3					
4					

dt.: ear (das ~)		engl.: Theater	engl.: normalerweise		engl.: Ei		engl.: Eis	dt.: Spain	engl.: Test	dt.: place (der ~)	
			dt.: sixth								
engl.: Auto		dt.: eye (das ~)					engl.: neunter			dt.: look	
			engl.: Dame			dt.: wet					engl.: anrufen (to ~)
					dt.: behind						
engl.: noch		engl.: alle				engl.: also			engl.: hallo		
					dt.: stand						
engl.: bereit	engl.: von			dt.: flat (die ~)							A2-1199

Lösung

	F	C	B	M	
F	E	H	L	E	R
C	H	O	O	S	E
B	L	O	U	S	E
M	E	S	S	E	R
	R	E	E	R	

	T			U		I					O
O	H	R		S	E	C	H	S	T	E	R
	E		A	U	G	E		P	E		T
C	A	R		A	G		N	A	S	S	
S	T	I	L	L		H	I	N	T	E	R
	R		A	L	L		N	I		H	I
R	E	A	D	Y		S	T	E	H	E	N
		B	Y		W	O	H	N	U	N	G

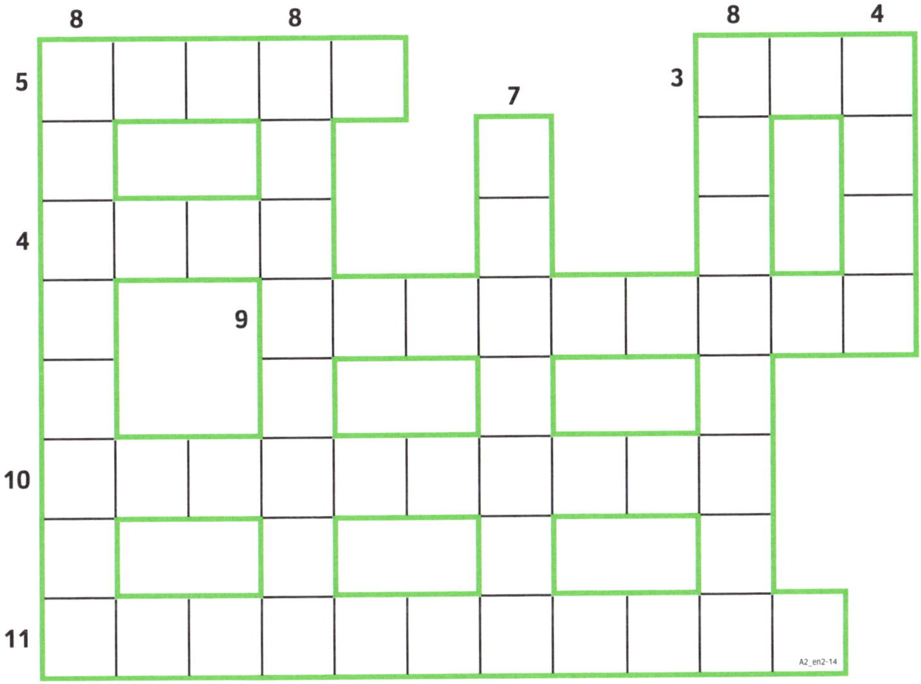

3 Buchstaben:
engl.: bekommen (to ~)

4 Buchstaben:
engl.: Salz, engl.: Typ

5 Buchstaben:
dt.: price (der ~)

7 Buchstaben:
dt.: meat (das ~)

8 Buchstaben:
dt.: win, engl.: Internet, engl.: Postkarte (2 W.)

9 Buchstaben:
engl.: teuer

10 Buchstaben:
dt.: dinner (das ~)

11 Buchstaben:
dt.: Germany

Lösung

P	R	E	I	S					G	E	T
O			N			F			E		Y
S	A	L	T			L			W		P
T			E	X	P	E	N	S	I	V	E
C			R			I			N		
A	B	E	N	D	E	S	S	E	N		
R			E			C			E		
D	E	U	T	S	C	H	L	A	N	D	

Rätselspaß

engl.: prima		dt.: match	engl.: arm		dt.: bye		engl.: Käse	engl.: ver-passen (to ~)		dt.: idea (die ~)	
		5			dt.: sign (das ~)						
engl.: aus		engl.: aus	dt.: myself				2	engl.: sehen (to ~)			
				dt.: glad	engl.: ihres				1	engl.: weich	
dt.: you			dt.: early						engl.: liegen (to ~)		engl.: nass
					dt.: it	3		engl.: niedrig			
dt.: under		engl.: Haus-frau									4
engl.: nein			engl.: sein				dt.: bed (das ~)				A2-1114

to be the black

1	2	3	4	5

	Z			A		T			M		I
S	U	P	E	R		S	C	H	I	L	D
	O			M	I	C	H		S	E	E
F	R	O	M			H	E	R	S		E
	D	U		F	R	U	E	H		S	
U	N	T	E	R		E	S		L	O	W
	E		H	O	U	S	E	W	I	F	E
	N	O		H	I	S		B	E	T	T

to be the black sheep
(das schwarze Schaf sein)

1 engl.: Straße
2 engl.: Karte
3 engl.: dreißig
4 engl.: deines
5 dt.: even
6 dt.: skirt (der ~)
7 engl.: töten (to ~)
8 engl.: niedrig
9 engl.: wer
10 engl.: auf
11 engl.: nein

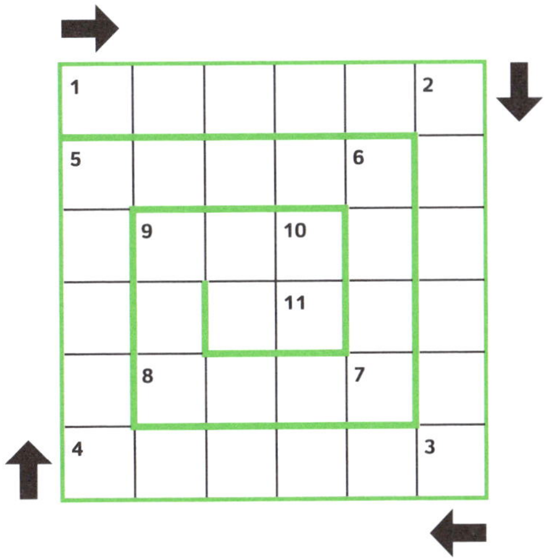

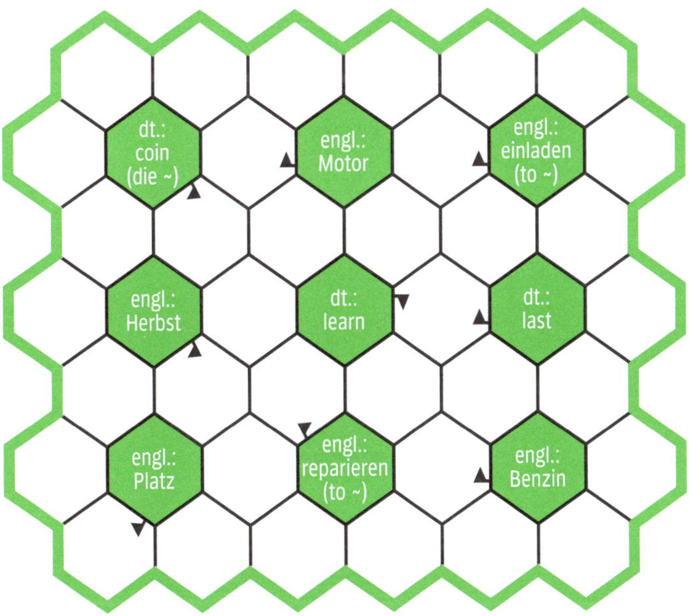

Lösung

S	T	R	E	E	T
S	O	G	A	R	I
R	W	H	O	O	C
U	O	O	N	C	K
O	L	L	I	K	E
Y	T	R	I	H	T

1 dt.: want

2 engl.: fast

3 engl.: Bluse

4 dt.: better

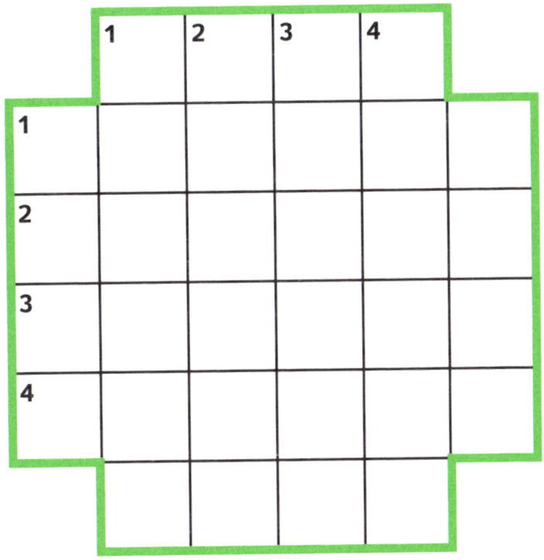

engl.: Frage			engl.: hören (to ~)		dt.: use	engl.: Krieg	dt.: more			engl.: Katze	engl.: dass
					dt.: how old (2 W.)						
engl.: ziemlich			dt.: it		dt.: eight					dt.: bird (der ~)	
dt.: tax (die ~)							engl.: ein		dt.: deep		
engl.: Test					engl.: nass	engl.: bist		dt.: dead			
			dt.: twenty								dt.: you
dt.: am		engl.: Bier					engl.: brau-chen (to ~)				
dt.: ninth								engl.: Grippe			A2-1180

Lösung

	W	A	B	B	
W	O	L	L	E	N
A	L	M	O	S	T
B	L	O	U	S	E
B	E	S	S	E	R
	N	T	E	R	

	Q	L		B				M	C		
Q	U	I	T	E		W	I	E	A	L	T
	E	S		N		A	C	H	T		H
	S	T	E	U	E	R		R		V	A
	T	E	S	T			A		T	O	T
B	I	N		Z	W	A	N	Z	I	G	
	O		B	E	E	R		N	E	E	D
	N	E	U	N	T	E	R		F	L	U

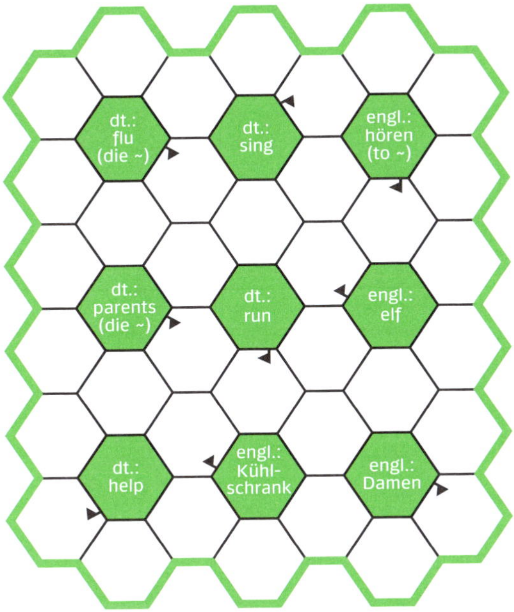

1 engl.: Antwort
2 engl.: wiederholen (to ~)
3 engl.: zwölf
4 dt.: end
5 engl.: Norden
6 dt.: wood (das ~)
7 dt.: time (die ~)
8 engl.: zehn
9 dt.: never
10 dt.: it
11 engl.: also

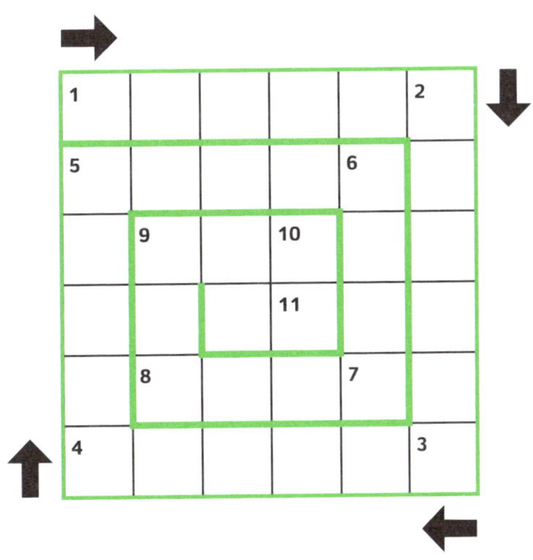

Lösung

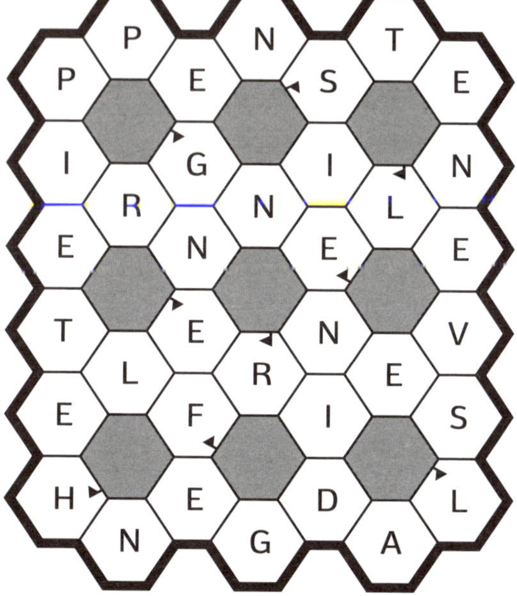

A	N	S	W	E	R
N	O	R	T	H	E
E	N	I	E	O	P
D	E	O	S	L	E
N	T	I	E	Z	A
E	V	L	E	W	T

1 dt.: west (der ~)

2 dt.: Easter

3 dt.: stand

4 dt.: ready

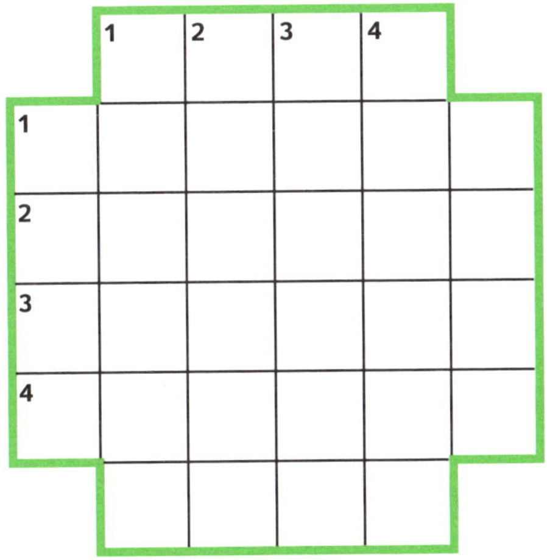

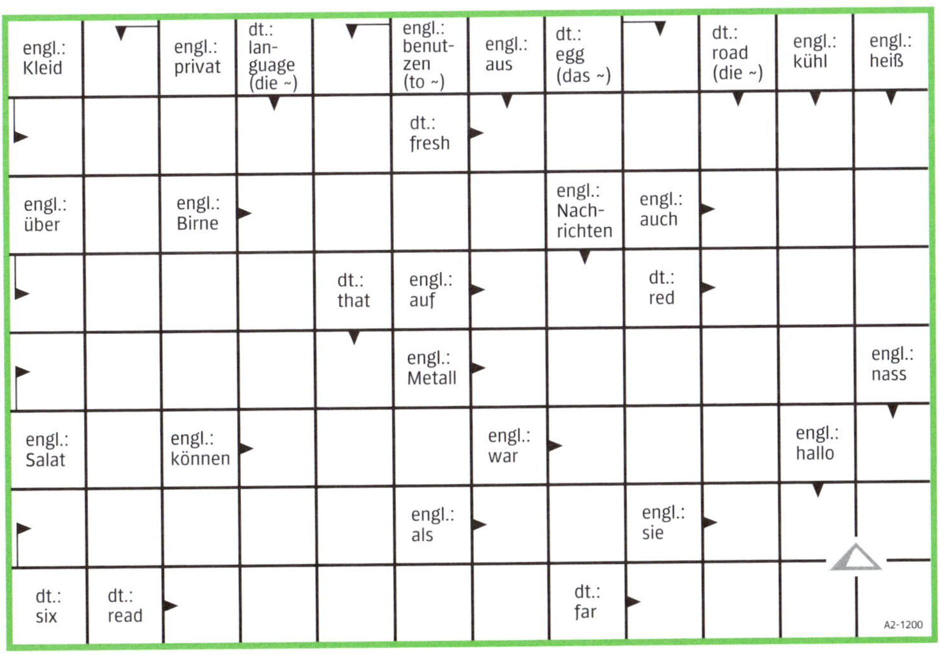

Lösung

	W	O	S	B	
W	E	S	T	E	N
O	S	T	E	R	N
S	T	E	H	E	N
B	E	R	E	I	T
	N	N	N	T	

	P			U				E			
D	R	E	S	S		F	R	I	S	C	H
	I		P	E	A	R			T	O	O
O	V	E	R			O	N		R	O	T
S	A	L	A	D		M	E	T	A	L	
	T		C	A	N		W	A	S		W
S	E	C	H	S		A	S		S	H	E
		L	E	S	E	N		W	E	I	T

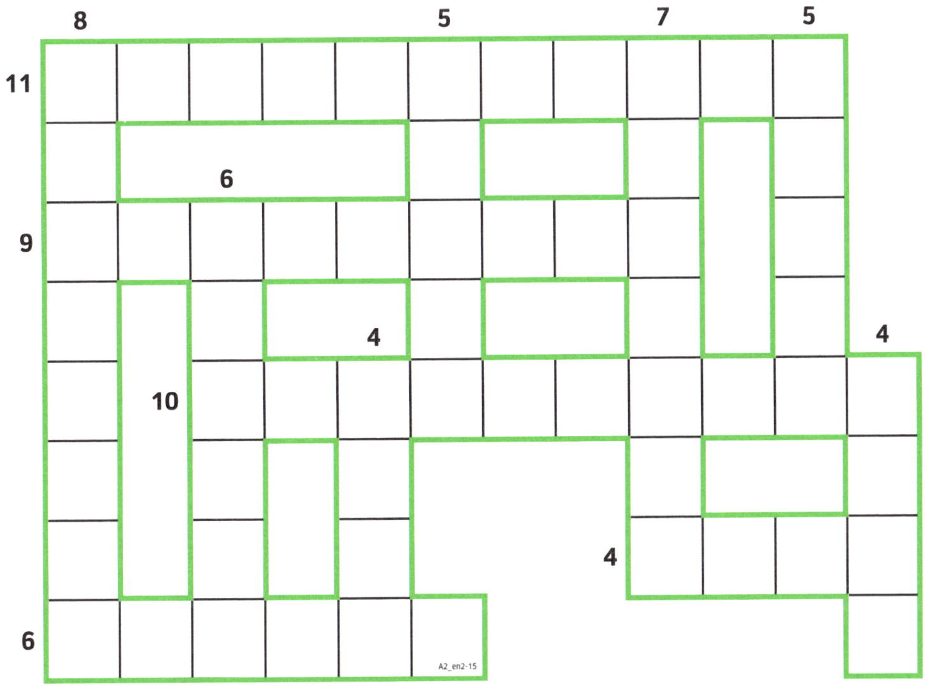

4 Buchstaben:
engl.: noch, dt.: euro (der ~), engl.: in der Nähe

5 Buchstaben:
dt.: engine (der ~), dt.: expensive

6 Buchstaben:
engl.: elf, engl.: bitte

7 Buchstaben:
engl.: Küche

8 Buchstaben:
engl.: Koffer

9 Buchstaben:
engl.: wichtig

10 Buchstaben:
engl.: überall

11 Buchstaben:
engl.: Supermarkt

S	U	P	E	R	M	A	R	K	E	T	
U					O			I		E	
I	M	P	O	R	T	A	N	T		U	
T		L			O			C		E	
C		E	V	E	R	Y	W	H	E	R	E
A		A		L				E			U
S		S		S				N	E	A	R
E	L	E	V	E	N						O

engl.: Plattenspieler (2 W.)		engl.: wenige		engl.: schlimmer	dt.: inside	7	engl.: offen		engl.: Vater	engl.: wahr	5
dt.: we			6	engl.: Rest				1	engl.: auf	engl.: Portemonnaie	
dt.: everybody	dt.: lamb (das ~)	dt.: its			2		engl.: hoffen (to ~)	4		8	
				engl.: bist		engl.: Speisekarte					dt.: who
			engl.: und				dt.: you		engl.: uns		
engl.: Steuer		dt.: foreign			9			engl.: benutzen (to ~)			
dt.: stomach (der ~)			3			dt.: our					A2-1119

to walk the

1	2	3	4	5	6	7	8	9

■	F	■	W	■	■	O	■	F	■	■	T
R	E	C	O	R	D	P	L	A	Y	E	R
■	W	I	R	■	R	E	S	T	■	■	U
■	■	■	S	E	I	N	■	H	O	P	E
A	L	L	E	■	N	■	M	E	N	U	■
T	A	X	■	A	N	D	■	R	■	R	W
■	M	■	F	R	E	M	D	■	U	S	E
■	M	A	G	E	N	■	U	N	S	E	R

to walk the tightrope
(einen Seiltanz vollführen)

1 engl.: achtzig
2 engl.: gelb
3 dt.: become
4 engl.: nie
5 engl.: bereit
6 engl.: Hof
7 engl.: Datum
8 engl.: Ohr
9 engl.: rot
10 engl.: machen (to ~)
11 engl.: von

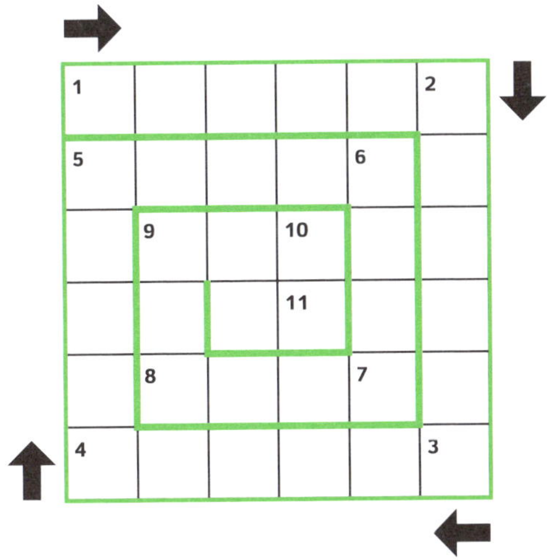

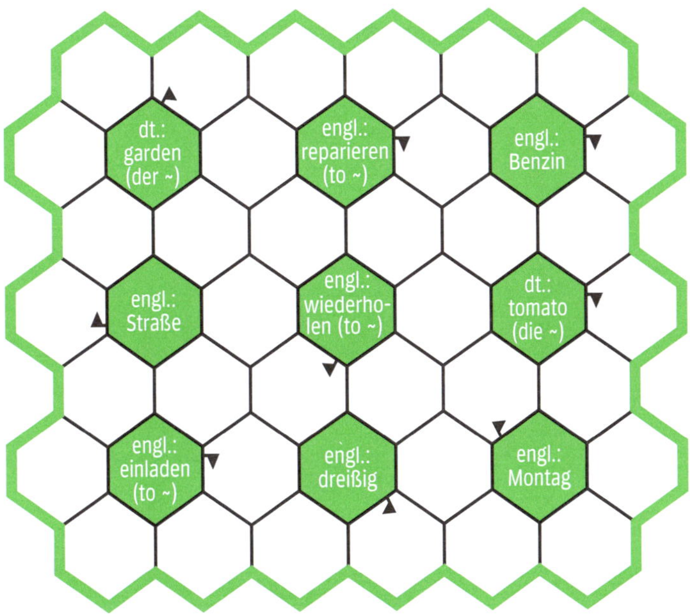

Lösung

E	I	G	H	T	Y
R	E	A	D	Y	E
E	R	E	D	A	L
V	A	F	O	R	L
E	E	T	A	D	O
N	E	D	R	E	W

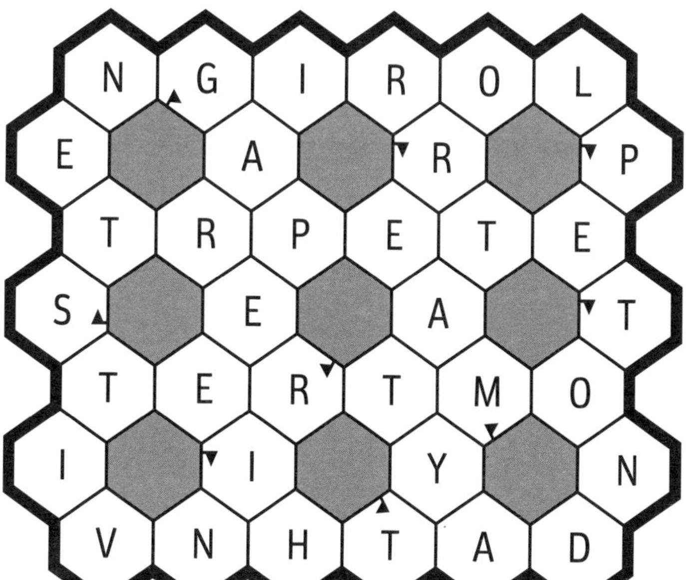

1 dt.: glasses (die ~)

2 engl.: neunzig

3 engl.: elf

4 dt.: parents (die ~)

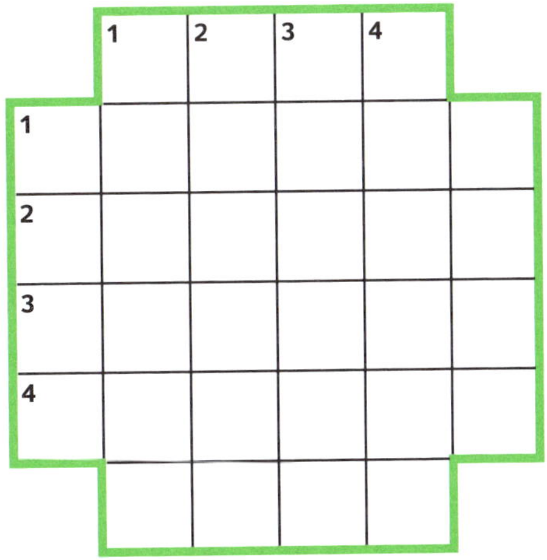

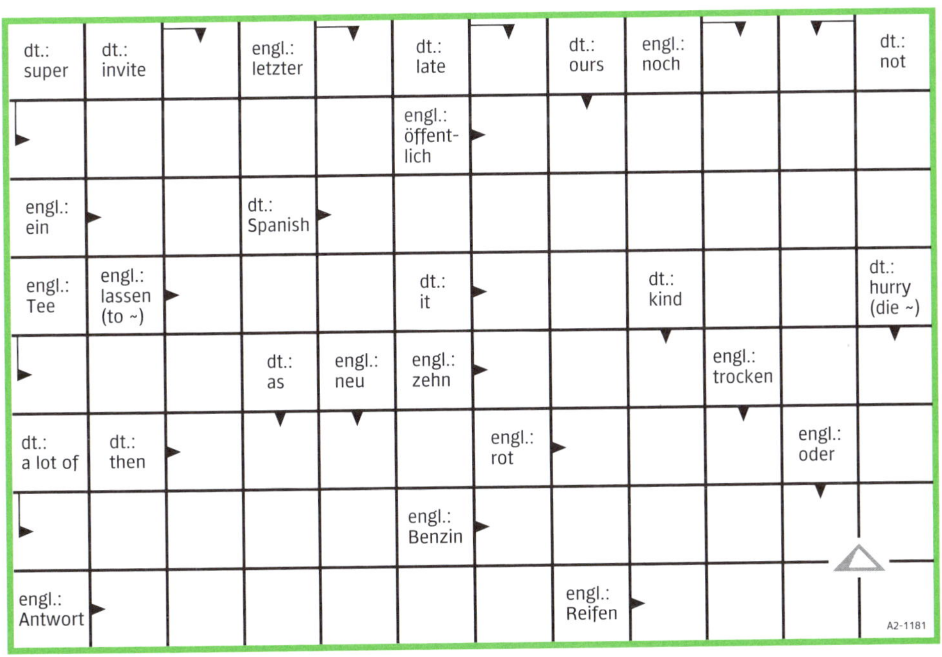

Lösung

	B	N	E	E	
B	R	I	L	L	E
N	I	N	E	T	Y
E	L	E	V	E	N
E	L	T	E	R	N
	E	Y	N	N	

		E		L		S			E	N	
P	R	I	M	A		P	U	B	L	I	C
	A	N		S	P	A	N	I	S	C	H
		L	E	T		E	S		E	H	
T	E	A				T	E	N		T	E
		D	A	N	N		R	E	D		I
V	I	E	L	E		P	E	T	R	O	L
	A	N	S	W	E	R		T	Y	R	E

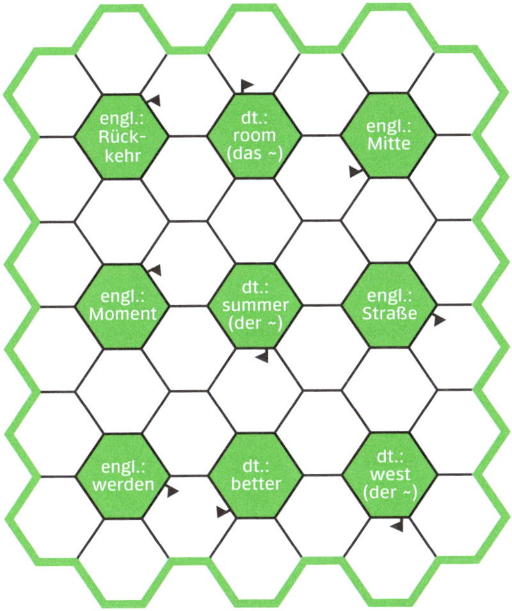

1 dt.: to
2 engl.: nach oben
3 engl.: Stift
4 engl.: nicht
5 engl.: drehen (to ~)
6 engl.: nett
7 dt.: eat
8 engl.: neunter
9 engl.: passieren (to ~)
10 dt.: necessary
11 engl.: zurückgehen (2 W./to ~)

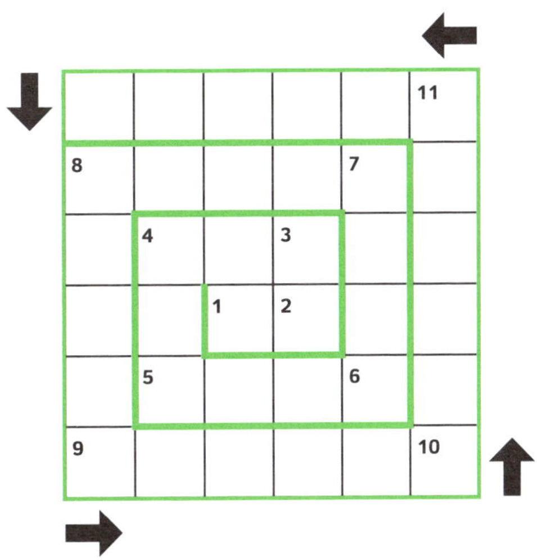

Lösung

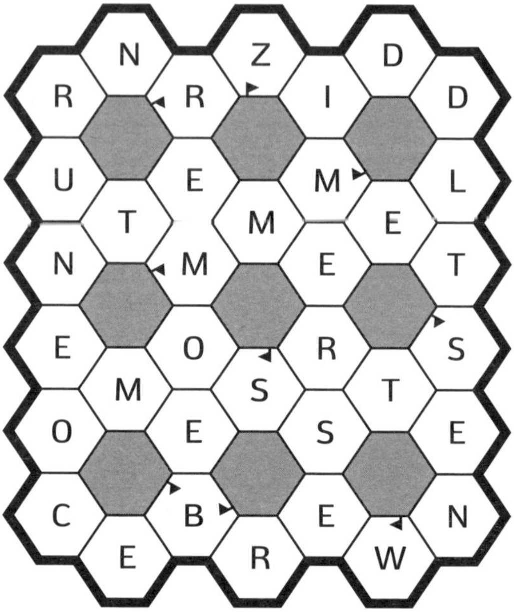

K	C	A	B	O	G
N	E	S	S	E	I
I	N	E	P	C	T
N	O	Z	U	I	E
T	T	U	R	N	O
H	A	P	P	E	N

Rätselspaß

1 dt.: behind

2 engl.: irgendjemand

3 engl.: sofort (2 W.)

4 engl.: Bleistift

	1	2	3	4	
1					
2					
3					
4					

engl.: tausend		engl.: Amerika	engl.: gewinnen (to ~)			engl.: obwohl	engl.: hier		engl.: treffen (to ~)	engl.: sitzen (to ~)	engl.: Student
engl.: Moment			dt.: he			dt.: hot					
						engl.: bestürzt			engl.: es		
				engl.: verletzen					engl.: für		
dt.: for			engl.: hoffen (to ~)					dt.: ago		engl.: Tee	
engl.: Zoll			engl.: Bus				engl.: wählen (to ~)				
				dt.: born							
engl.: Tochter									engl.: an		A2-1201

Lösung

	H	A	A	P	
H	I	N	T	E	R
A	N	Y	O	N	E
A	T	O	N	C	E
P	E	N	C	I	L
	R	E	E	L	

	T			W	A			M			
	H	A		I	L		H	E	I	S	S
M	O	M	E	N	T		E	E		I	T
F	U	E	R		H	U	R	T		T	U
	S	R		H	O	P	E		F		D
	A	I		B	U	S		V	O	T	E
I	N	C	H		G	E	B	O	R	E	N
	D	A	U	G	H	T	E	R		A	T

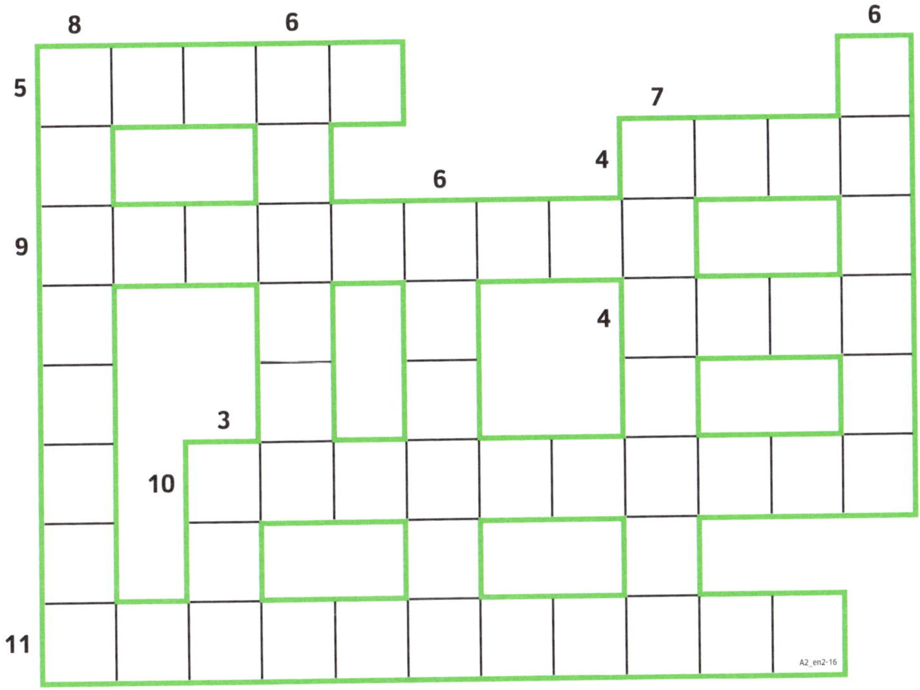

3 Buchstaben:
engl.: Grippe

4 Buchstaben:
engl.: sogar,
engl.: arm

5 Buchstaben:
engl.: überhaupt

6 Buchstaben:
engl.: Französisch,
engl.: Rechtsanwalt,
dt.: snow (der ~)

7 Buchstaben:
engl.: Geschenk

8 Buchstaben:
dt.: go out

9 Buchstaben:
dt.: sister (die ~)

10 Buchstaben:
dt.: France

11 Buchstaben:
dt.: nineteenth

Lösung

A	T	A	L	L							F
U			A					P	O	O	R
S	C	H	W	E	S	T	E	R			E
G			Y		C			E	V	E	N
E			E		H			S			C
H		F	R	A	N	K	R	E	I	C	H
E		L			E			N			
N	E	U	N	Z	E	H	N	T	E	R	

engl.: Fuß		engl.: glücklich			dt.: push	engl.: am wenigsten		engl.: ihres	engl.: haben (to ~)	engl.: Internet	
engl.: Computer		engl.: mein			dt.: lend				1		
7								dt.: old			
engl.: Typ		3			engl.: als	2	4	engl.: Mahlzeit		engl.: Hälfte	
dt.: often	engl.: fliegen (to ~)	engl.: auch			engl.: bist		dt.: more				
			dt.: cat (die ~)	8					engl.: sein (to ~)		
						engl.: Tisch		6			
engl.: Blume			dt.: new				engl.: links			A2-1110	5

to look for a needle in a

1	2	3	4	5	6	7	8

Lösung

	F		H	D			H				I
	O		A	R		L	E	I	H	E	N
C	O	M	P	U	T	E	R		A	L	T
	T	Y	P	E		A	S		V		E
			Y	C		S		M	E	H	R
O	F	T		K	A	T	Z	E		A	N
F	L	O	W	E	R		T	A	B	L	E
	Y	O		N	E	U		L	E	F	T

to look for a needle in a haystack
(eine Stecknadel im Heuhaufen suchen)

1 dt.: egg (das ~)
2 engl.: in
3 engl.: nicht
4 engl.: zehn
5 engl.: neun
6 dt.: hurry (die ~)
7 dt.: end
8 engl.: Norden
9 engl.: passieren (to ~)
10 engl.: niemand
11 engl.: gelb

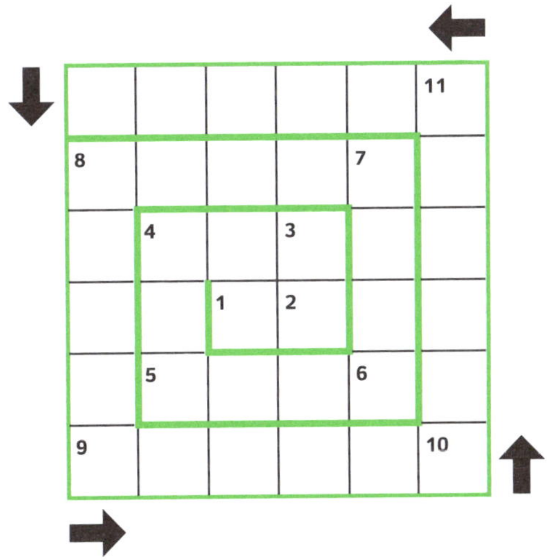

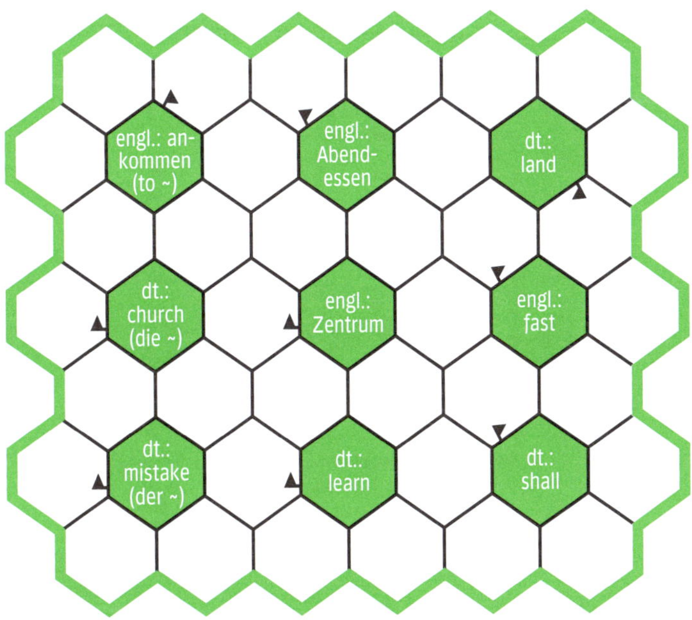

Lösung

W	O	L	L	E	Y
N	E	D	N	E	D
O	T	O	N	L	O
R	E	E	I	I	B
T	N	I	N	E	O
H	A	P	P	E	N

1 dt.: hear

2 engl.: reparieren (to ~)

3 engl.: Orange

4 dt.: show

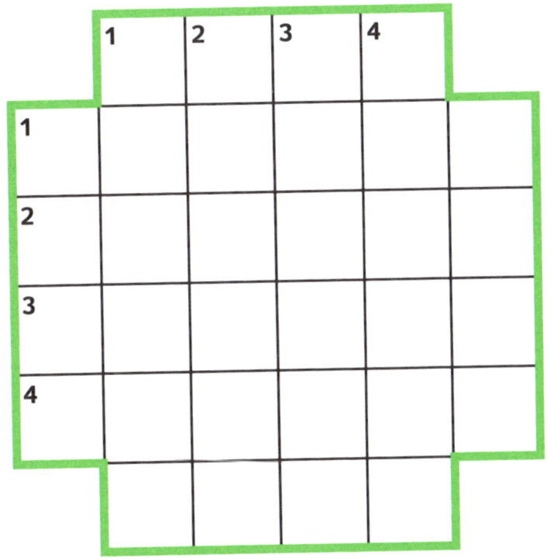

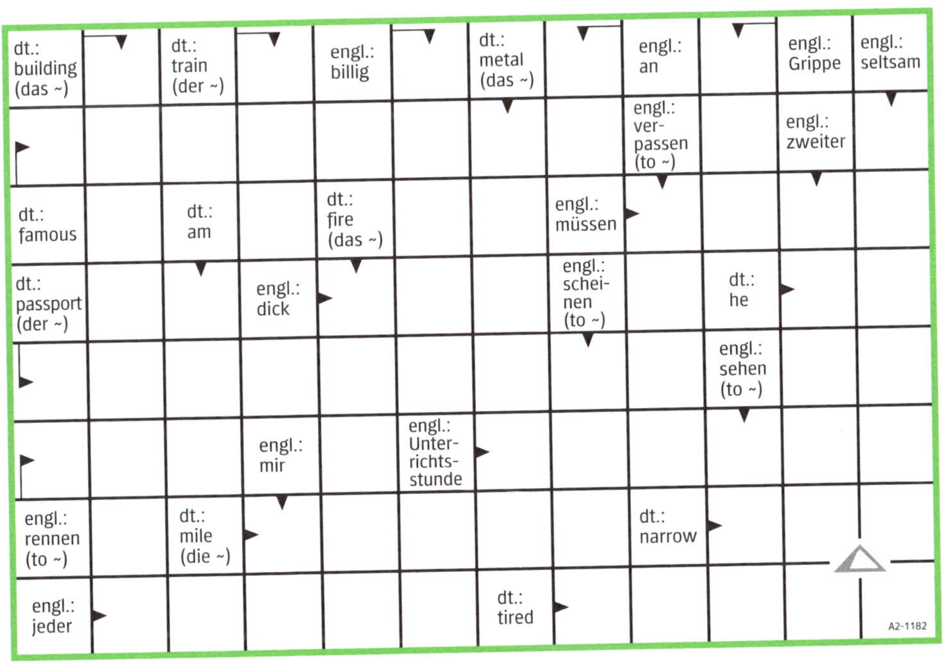

Lösung

	H	R	O	Z	
H	O	E	R	E	N
R	E	P	A	I	R
O	R	A	N	G	E
Z	E	I	G	E	N
	N	R	E	N	

	G		Z		C		A		F		
B	E	R	U	E	H	M	T		L		S
	B		G		E	E		M	U	S	T
	A	B		F	A	T		I		E	R
R	E	I	S	E	P	A	S	S		C	A
R	U	N		U		L	E	S	S	O	N
	D		M	E	I	L	E		E	N	G
	E	V	E	R	Y		M	U	E	D	E

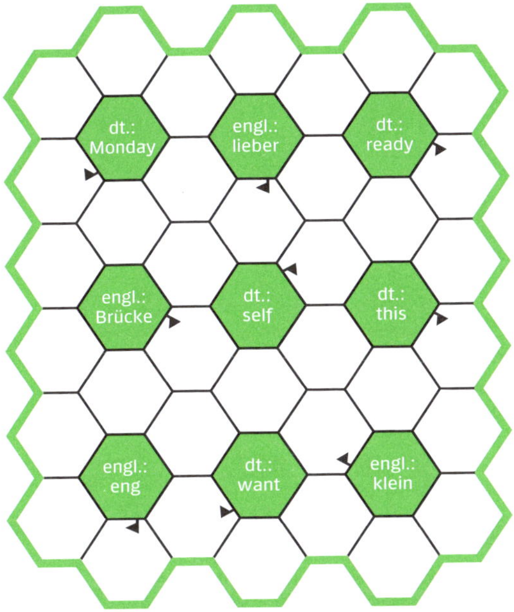

1 engl.: uns
2 engl.: also
3 dt.: ear (das ~)
4 engl.: rot
5 dt.: three
6 engl.: in
7 dt.: open
8 engl.: niemand (2 W.)
9 dt.: once
10 engl.: Leben
11 engl.: hinuntergehen (2 W./to ~)

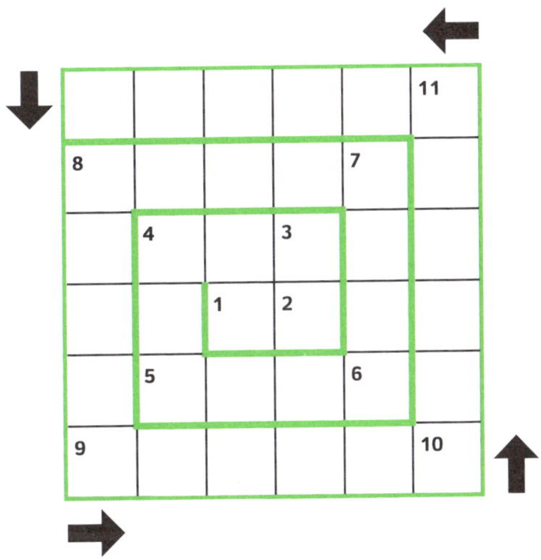

Lösung

N	W	O	D	O	G
N	E	F	F	O	N
O	R	H	O	T	I
O	E	U	S	N	V
N	D	R	E	I	I
E	I	N	M	A	L

1 dt.: pull

2 engl.: hinter

3 engl.: dreißig

4 engl.: Zentrum

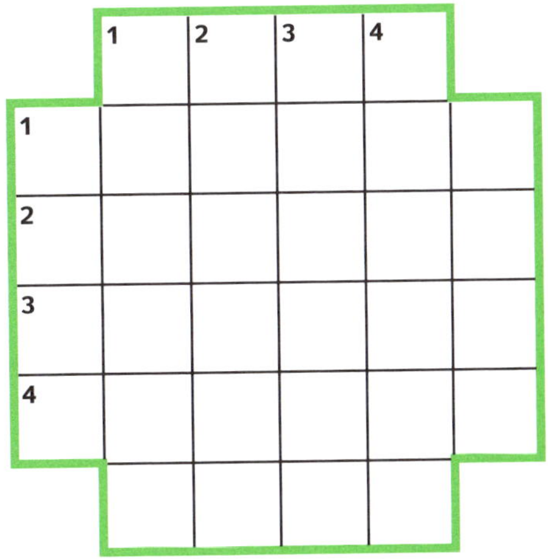

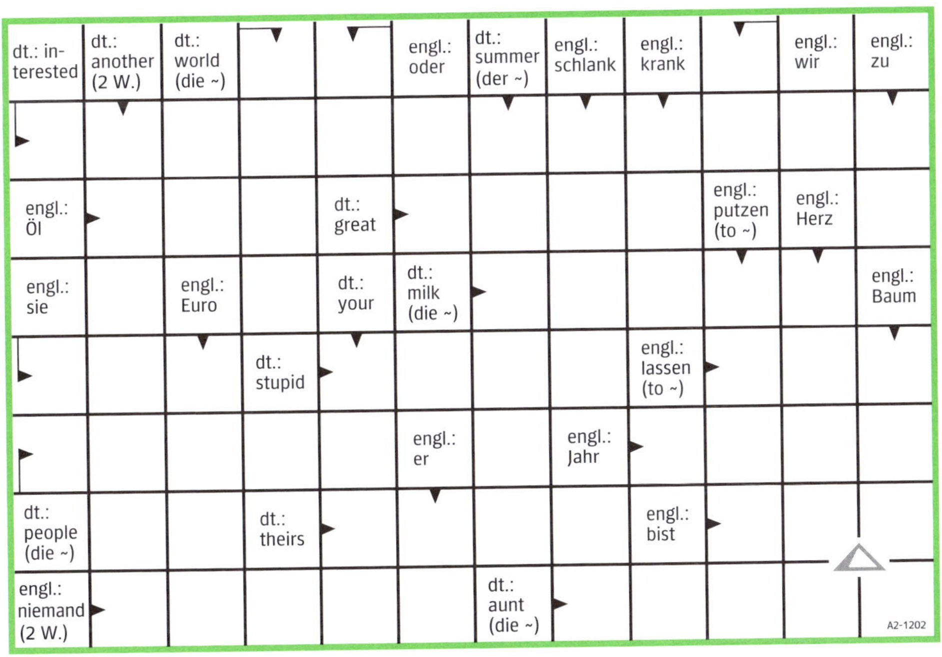

Lösung

	Z	B	T	C	
Z	I	E	H	E	N
B	E	H	I	N	D
T	H	I	R	T	Y
C	E	N	T	R	E
	N	D	Y	E	

■	■	■	W	O	■	■	■	■	W	■	■
I	N	T	E	R	E	S	S	I	E	R	T
■	O	I	L	■	T	O	L	L	■	■	O
■	C	■	T	■	■	M	I	L	C	H	■
S	H	E	■	D	U	M	M	■	L	E	T
L	E	U	T	E	■	E	■	Y	E	A	R
■	I	R	■	I	H	R	E	■	A	R	E
■	N	O	O	N	E	■	T	A	N	T	E

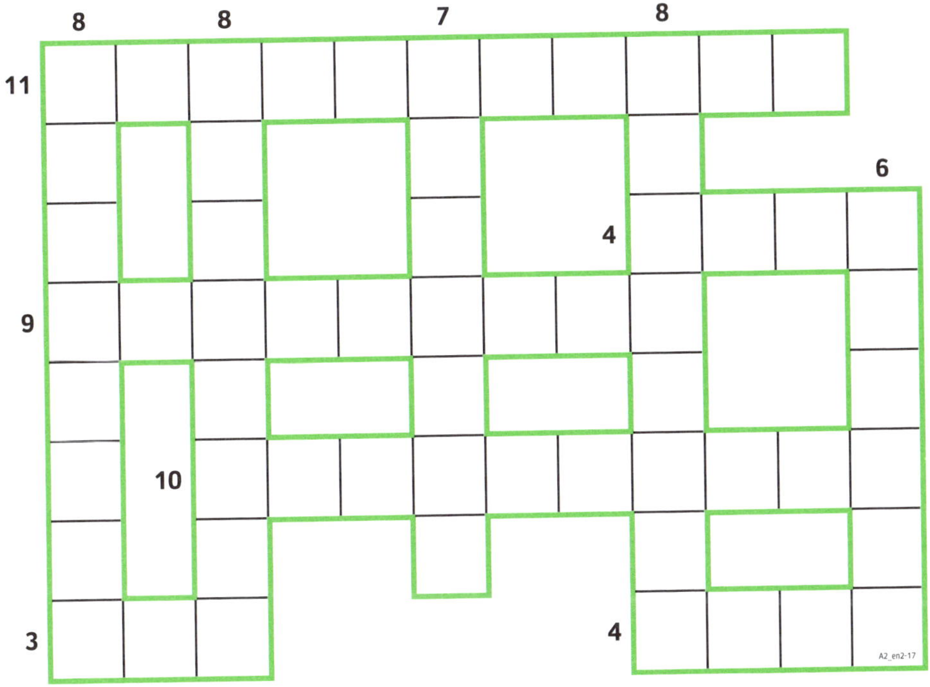

3 Buchstaben:
engl.: rot

4 Buchstaben:
dt.: since,
engl.: sie

6 Buchstaben:
engl.: zwanzig

7 Buchstaben:
engl.: normal

8 Buchstaben:
engl.: Keller, engl.: Computer, dt.: motorbike (das ~)

9 Buchstaben:
engl.: aussprechen (to ~)

10 Buchstaben:
dt.: repair

11 Buchstaben:
engl.: bequem

Lösung

C	O	M	F	O	R	T	A	B	L	E	
O		O			E			A			
M		T			G			S	E	I	T
P	R	O	N	O	U	N	C	E			W
U		R			L			M			E
T		R	E	P	A	R	I	E	R	E	N
E		A			R			N			T
R	E	D						T	H	E	Y

Rätselspaß

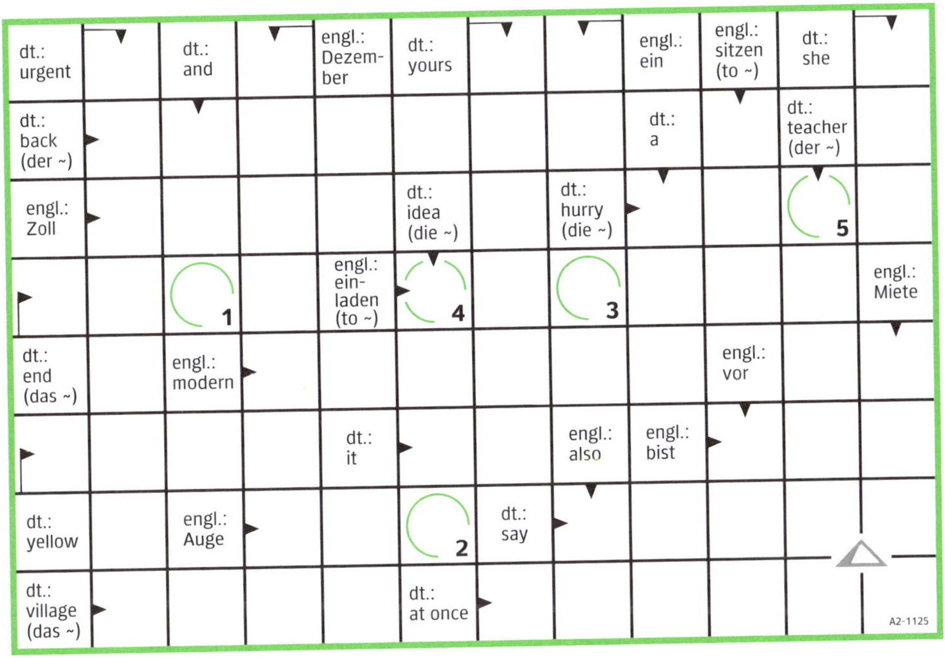

Talk of the

1	2	3	4	5

Lösung

	D		D			D	A				S
	R	U	E	C	K	E	N		S		I
	I	N	C	H		I		E	I	L	E
E	N	D	E		I	N	V	I	T	E	
	G		M	O	D	E	R	N		H	R
G	E	L	B		E	S			A	R	E
	N		E	Y	E		S	A	G	E	N
	D	O	R	F		S	O	F	O	R	T

Talk of the devil!
(Wenn man vom Teufel spricht.)

1 engl.: er
2 dt.: it
3 dt.: she
4 dt.: a
5 engl.: neun
6 engl.: noch
7 engl.: leer
8 engl.: deines
9 engl.: sollte
10 dt.: dark
11 dt.: learn

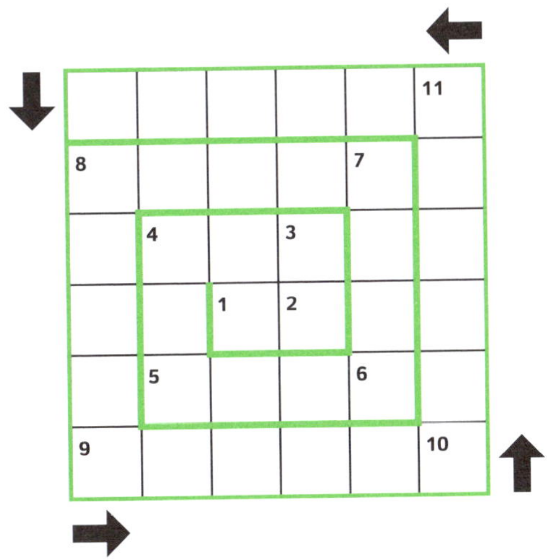

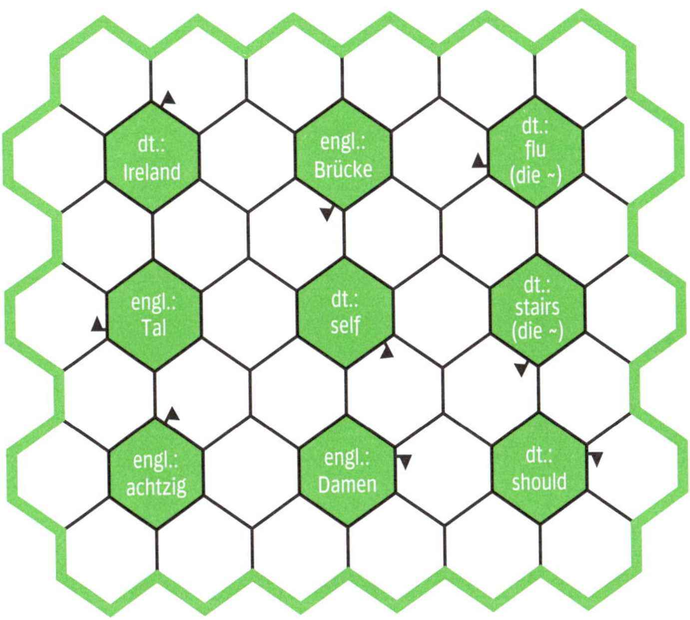

N	E	N	R	E	L
Y	T	P	M	E	E
O	E	I	S	S	K
U	I	H	E	L	N
R	N	I	N	E	U
S	H	O	U	L	D

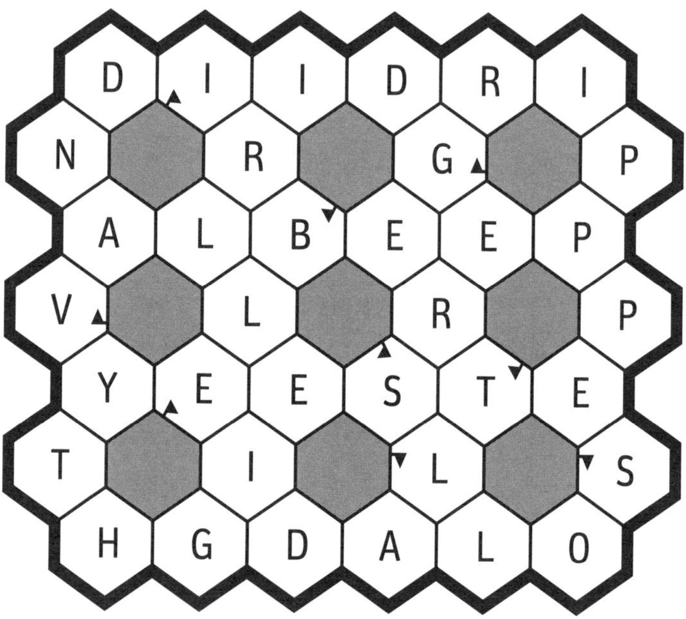

1 dt.: storm

2 dt.: during

3 engl.: furchtbar

4 engl.: jemand

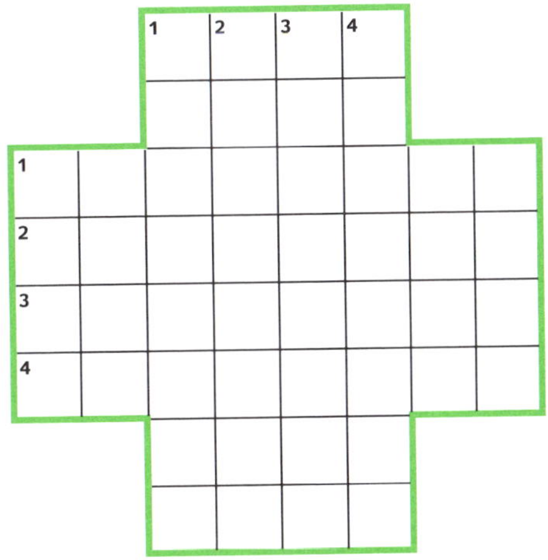

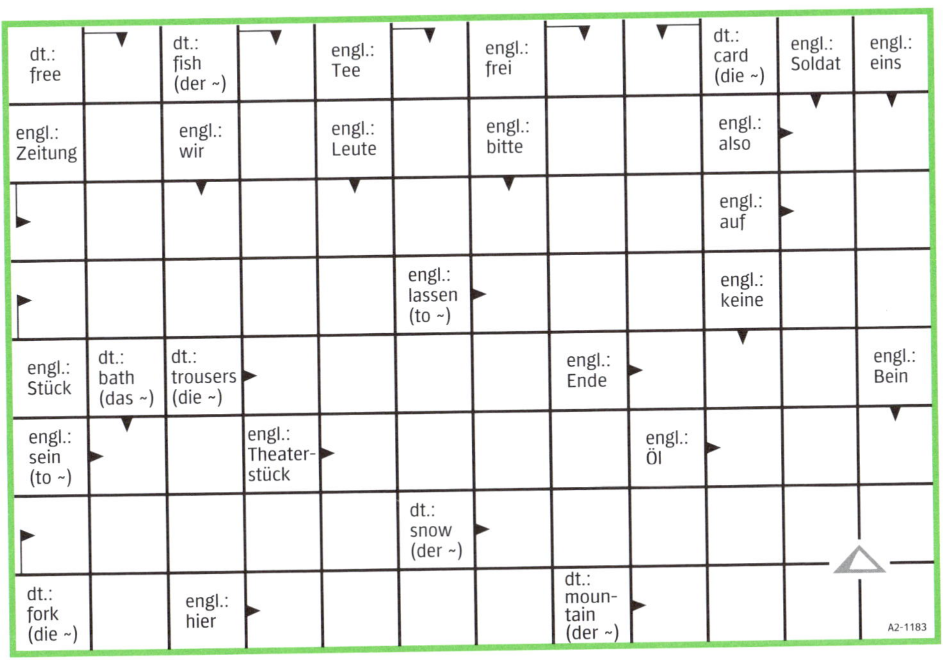

Lösung

		S	W	T	S		
		T	A	E	O		
S	T	U	E	R	M	E	N
W	A	E	H	R	E	N	D
T	E	R	R	I	B	L	E
S	O	M	E	B	O	D	Y
		E	N	L	D		
		N	D	E	Y		

■	F	■	F	■	T	■	F	K	■	■	■
■	R	■	I	■	E	■	R	A	■	S	O
N	E	W	S	P	A	P	E	R	■	O	N
P	I	E	C	E	■	L	E	T	■	L	E
■	■	■	H	O	S	E	■	E	N	D	■
■	B	E	■	P	L	A	Y	■	O	I	L
G	A	B	E	L	■	S	C	H	N	E	E
■	D	■	H	E	R	E	■	B	E	R	G

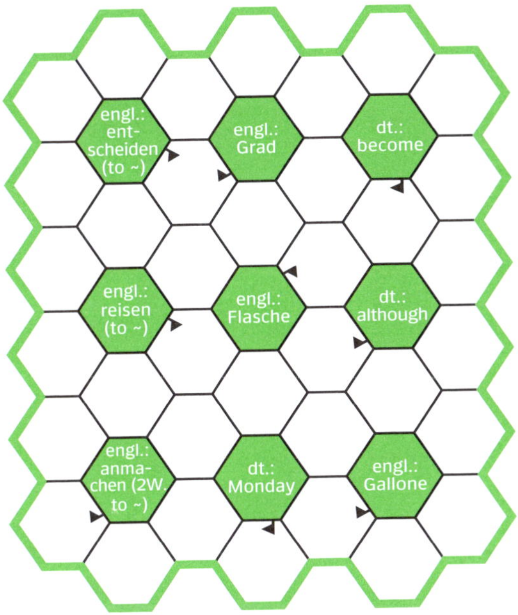

1 dt.: it
2 engl.: also
3 dt.: often
4 engl.: oben
5 engl.: Theaterstück
6 engl.: Yard
7 dt.: thick
8 engl.: danken (to ~)
9 dt.: class (die ~)
10 engl.: genug
11 dt.: hear

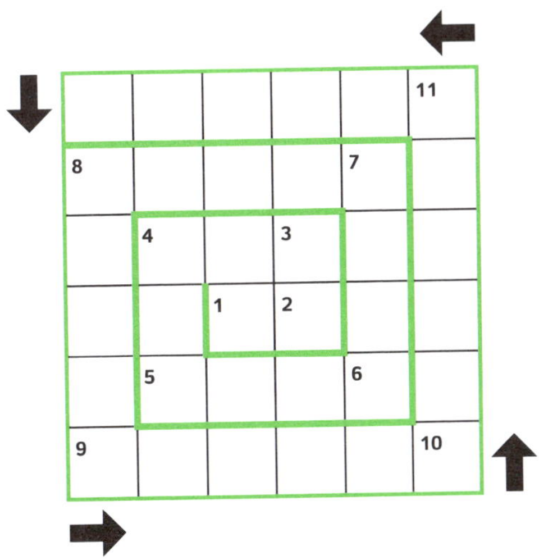

Lösung

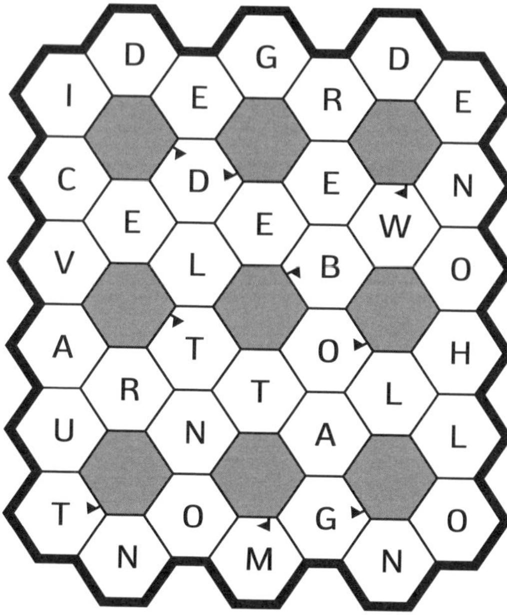

N	E	R	E	O	H
T	H	C	I	D	G
H	T	F	O	R	U
A	O	E	S	A	O
N	P	L	A	Y	N
K	L	A	S	S	E

Rätselspaß

1 engl.: neunzehn

2 engl.: elfter

3 engl.: Internet

4 dt.: could

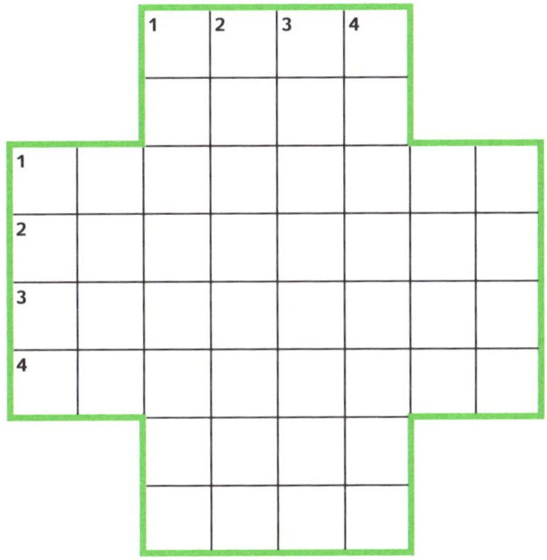

engl.: Hose		dt.: ear (das ~)	engl.: zu	engl.: Auge		dt.: long			engl.: erlau-ben (to ~)	engl.: irgend-wo	
dt.: red				dt.: sea (das ~)		engl.: alle				dt.: knife (das ~)	
						dt.: every-thing			engl.: mein		
engl.: n. Hause gehen 2W. to ~			dt.: because		engl.: vor				dt.: car (das ~)		
dt.: every-where		engl.: wir			dt.: as		engl.: waschen (to ~)				
								engl.: benut-zen (to ~)			
				dt.: last							
dt.: three		engl.: weniger					engl.: mehr				A2-1203

Lösung

		N	E	I	K		
		I	L	N	O		
N	I	N	E	T	E	E	N
E	L	E	V	E	N	T	H
I	N	T	E	R	N	E	T
K	O	E	N	N	T	E	N
		E	T	E	E		
		N	H	T	N		

	T				E		L	A			A
	R	O	T		Y		A	L	L		N
G	O	H	O	M	E		N	L		M	Y
	U	R		E		A	G	O		E	W
	S		W	E		L		W	A	S	H
U	E	B	E	R	A	L	L		U	S	E
D	R	E	I		L	E	T	Z	T	E	R
	S		L	E	S	S		M	O	R	E

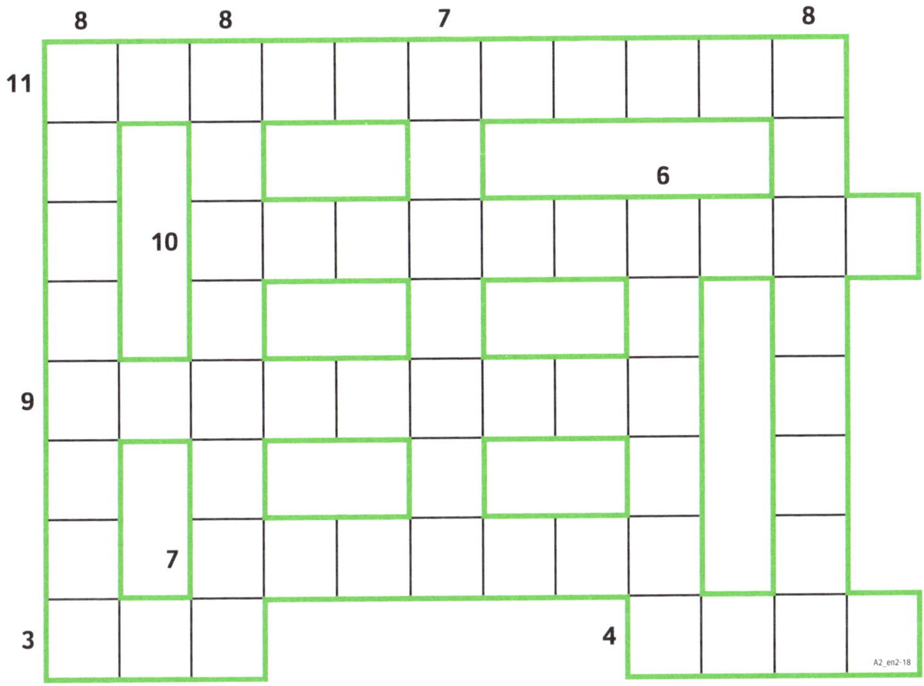

3 Buchstaben:
engl.: Ei

4 Buchstaben:
engl.: Miete

6 Buchstaben:
dt.: behind

7 Buchstaben:
dt.: address (die ~),
dt.: service (der ~)

8 Buchstaben:
dt.: Tuesday, engl.:
Eingang, dt.: speak

9 Buchstaben:
dt.: borrow

10 Buchstaben:
engl.: überall

11 Buchstaben:
dt.: ground floor
(das ~)

Lösung

E	R	D	G	E	S	C	H	O	S	S	
N		I			E					P	
T		E	V	E	R	Y	W	H	E	R	E
R		N			V			I		E	
A	U	S	L	E	I	H	E	N		C	
N		T			C			T		H	
C		A	D	R	E	S	S	E		E	
E	G	G						R	E	N	T

dt.: shop assistant (die ~)	dt.: allowed	engl.: Miete	dt.: tree (der ~)		dt.: husband (der ~)		engl.: unser	dt.: place (der ~)			engl.: neun
				2							
			dt.: clock (die ~)				engl.: an	dt.: aunt (die ~)			dt.: island (die ~)
engl.: bist			engl.: leicht			engl.: Auge			dt.: egg (das ~)		
				engl.: Metall					4	engl.: sie	
engl.: Datum		engl.: weg		1			dt.: wet				
dt.: till				engl.: nächster					engl.: er		
engl.: anprobieren (2W. to ~)						dt.: fog (der ~)				A2-1121	3

to go up the

1	2	3	4

Lösung

■	■	■	■	B	■	O	■	■	O	N	■
V	E	R	K	A	E	U	F	E	R	I	N
A	R	E	■	U	H	R	■	■	T	N	■
■	L	N	■	M	E	■	A	T	■	E	I
D	A	T	E	■	M	E	T	A	L	■	N
■	U	■	A	W	A	Y	■	N	A	S	S
■	B	I	S	■	N	E	X	T	■	H	E
■	T	R	Y	O	N	■	N	E	B	E	L

to go up the wall
(die Wand hochgehen)

1 engl.: sein (to ~)
2 dt.: he
3 engl.: rennen (to ~)
4 dt.: just
5 engl.: Zimmer
6 engl.: Meile
7 dt.: serious
8 engl.: denken (to ~)
9 dt.: seaside (die ~)
10 engl.: Ausrede
11 engl.: elf

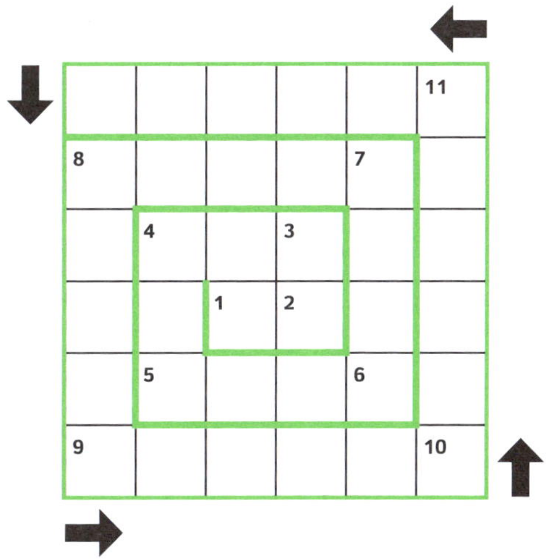

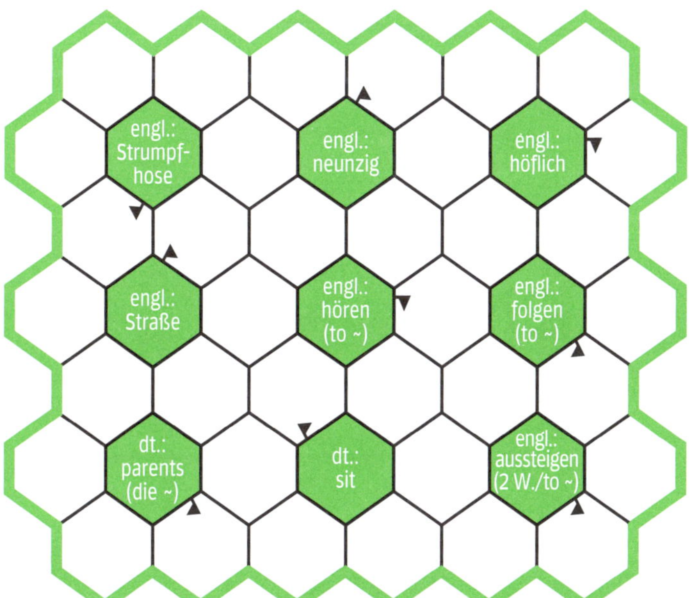

Lösung

N	E	V	E	L	E
T	S	N	R	E	S
H	N	U	R	L	U
I	U	B	E	I	C
N	R	O	O	M	X
K	U	E	S	T	E

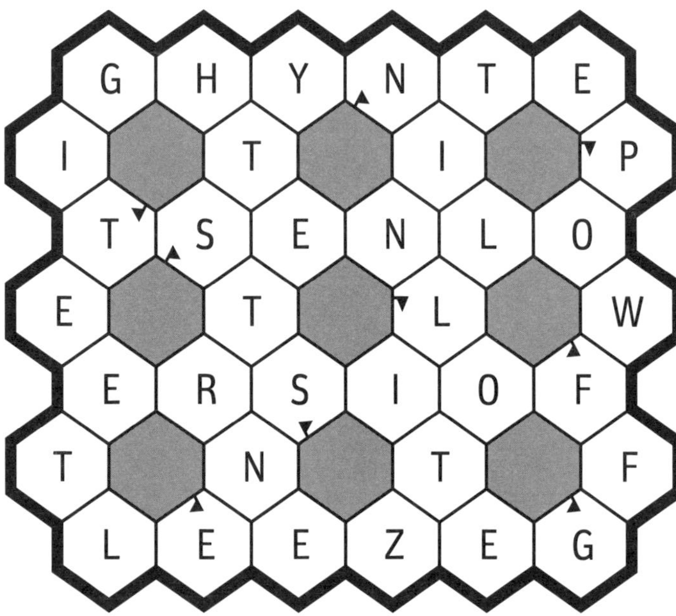

1 engl.: Fußball

2 engl.: Samstag

3 engl.: Februar

4 engl.: Kopfschmerzen

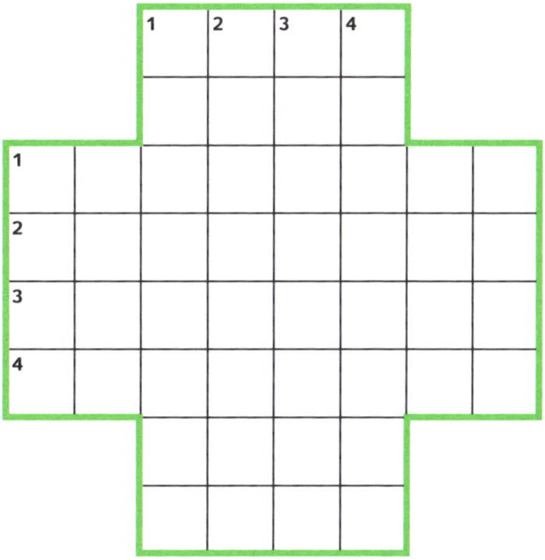

dt.: idea (die ~)		dt.: some (2 W.)	engl.: Zustand		dt.: die	dt.: ear (das ~)		engl.: wohnen (to ~)		engl.: sparen (to ~)	dt.: inside
dt.: Germany											
dt.: window (das ~)			engl.: an			engl.: Fluss					
							engl.: warst			engl.: verlieren (to ~)	
engl.: weg	engl.: wer		dt.: he			engl.: wir			engl.: sitzen (to ~)		
				engl.: tschüss				engl.: Sohn			
						dt.: trip (die ~)					
engl.: Wechselgeld			dt.: end (das ~)					engl.: zehn			A2-1184

Lösung

		F	S	F	H		
		O	A	E	E		
F	O	O	T	B	A	L	L
S	A	T	U	R	D	A	Y
F	E	B	R	U	A	R	Y
H	E	A	D	A	C	H	E
		L	A	R	H		
		L	Y	Y	E		

■	I	■	■	S	■	■	O	■	S	■	■
■	D	E	U	T	S	C	H	L	A	N	D
■	E	I	■	A	T	■	R	I	V	E	R
F	E	N	S	T	E	R	■	V	E	■	I
■	■	P	■	E	R	■	W	E	■	L	N
A	W	A	Y	■	B	Y	E	■	S	O	N
C	H	A	N	G	E	■	R	E	I	S	E
■	O	R	■	E	N	D	E	■	T	E	N

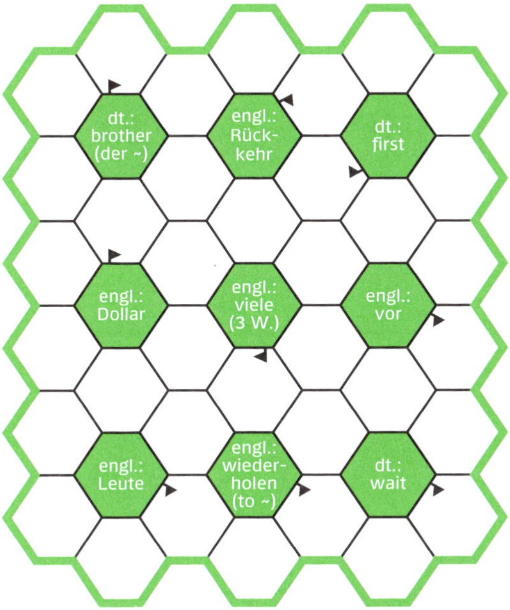

1 engl.: an
2 engl.: zu
3 engl.: aus
4 dt.: death (der ~)
5 engl.: dunkel
6 engl.: König
7 dt.: exactly
8 engl.: bestürzt
9 engl.: ihre
10 engl.: Sonntag
11 engl.: gelb

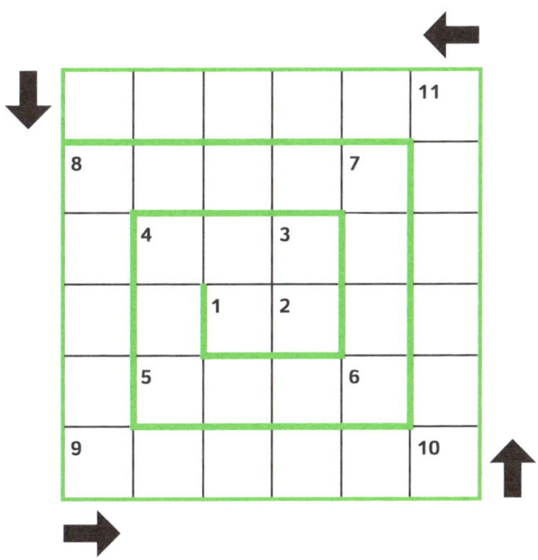

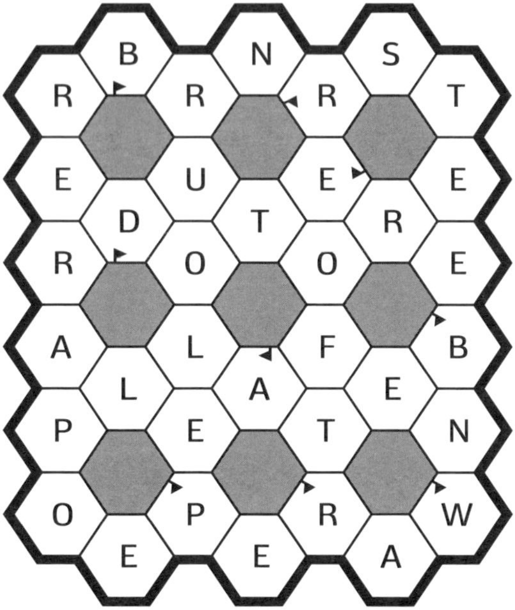

W	O	L	L	E	Y
U	A	N	E	G	A
P	T	U	O	N	D
S	O	A	T	I	N
E	D	A	R	K	U
T	H	E	I	R	S

1 dt.: move

2 dt.: urgent

3 dt.: possible

4 dt.: seem

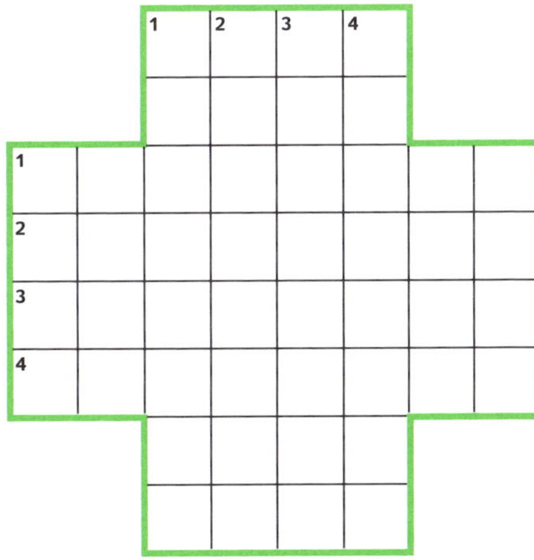

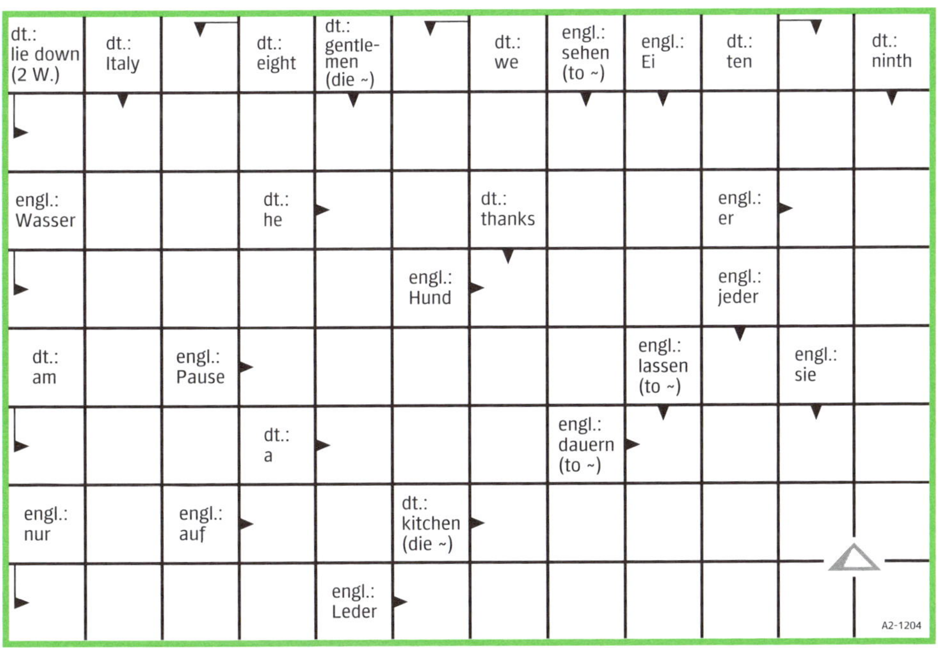

Lösung

		U	D	M	S		
		M	R	O	C		
U	M	Z	I	E	H	E	N
D	R	I	N	G	E	N	D
M	O	E	G	L	I	C	H
S	C	H	E	I	N	E	N
		E	N	C	E		
		N	D	H	N		

		A			W					Z	
S	I	C	H	H	I	N	L	E	G	E	N
	T	H		E	R		O	G		H	E
W	A	T	E	R		D	O	G		N	U
	L		B	R	E	A	K		E		N
B	I	N		E	I	N		L	A	S	T
	E		O	N		K	U	E	C	H	E
O	N	L	Y		L	E	A	T	H	E	R

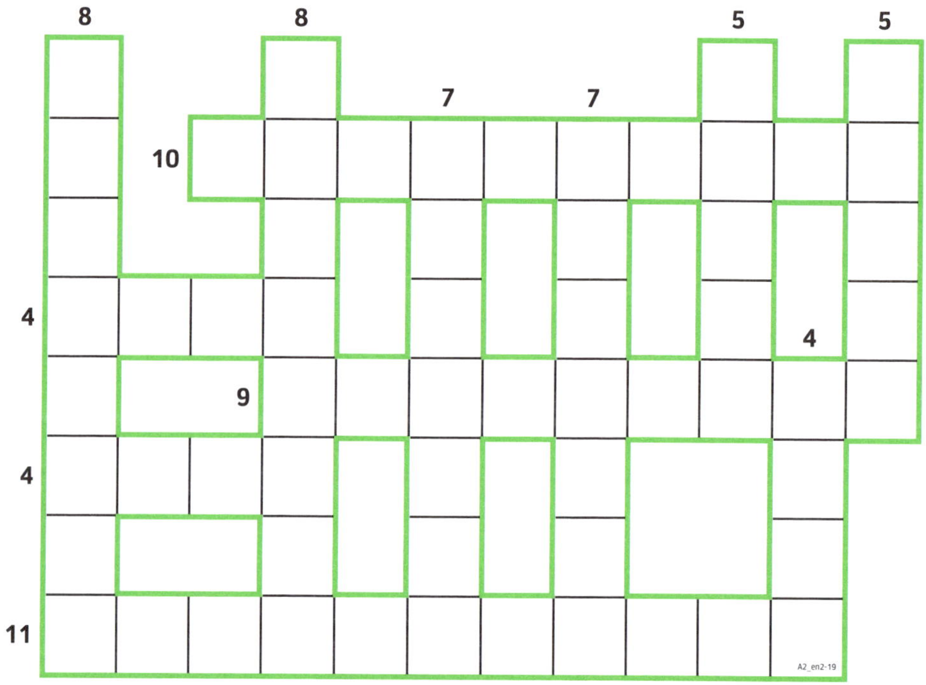

4 Buchstaben:
engl.: Münze, dt.:
fruit (das ~), engl.:
Zimmer

5 Buchstaben:
dt.: stone (der ~),
engl.: Geschäft

7 Buchstaben:
engl.: Adresse, dt.:
Saturday

8 Buchstaben:
dt.: certainly,
engl.: Kilogramm

9 Buchstaben:
engl.: Versicherung

10 Buchstaben:
dt.: delayed

11 Buchstaben:
dt.: lunch (das ~)

K			B						S		S
I		V	E	R	S	P	A	E	T	E	T
L			S		A		D		E		O
O	B	S	T		M		D		I		R
G			I	N	S	U	R	A	N	C	E
R	O	O	M		T		E			O	
A			M		A		S			I	
M	I	T	T	A	G	E	S	S	E	N	